ビジュアルでつかむ！
俳句の達人たち

正岡子規《まさおかしき》と近代俳句《きんだいはいく》

藤田真一 監修

ほるぷ出版

目《もく》次《じ》

新《あたら》しい俳句《はいく》を、そしてもっと命《いのち》を

　正岡子規《まさおかしき》は、明治時代《めいじじだい》になる1年前《ねんまえ》、四国《しこく》・松山《まつやま》（愛媛県《えひめけん》）の武士《ぶし》の家《いえ》に生《う》まれました。夏目漱石《なつめそうせき》もこの年《とし》の生《う》まれです。二人《ふたり》は、東京帝国大学《とうきょうていこくだいがく》（今《いま》の東京大学《とうきょうだいがく》）で同級生《どうきゅうせい》になりました。子規《しき》は中退《ちゅうたい》してしまいましたが。それでも、二人《ふたり》の友情《ゆうじょう》は終生《しゅうせい》変《か》わることはありませんでした。子規《しき》は俳句《はいく》や短歌《たんか》の分野《ぶんや》で新《あたら》しい道《みち》を切《き》り開《ひら》き、漱石《そうせき》は小説《しょうせつ》において多《おお》くの人《ひと》の心《こころ》をうつ作品《さくひん》を生《う》み出《だ》しました。たまたま学友《がくゆう》だったというぐう然《ぜん》があって、ともに新《あたら》しい文学《ぶんがく》の先駆者《せんくしゃ》になったとは、おどろくべきことです。

　大学《だいがく》を辞《や》めたあと、子規《しき》は新聞記者《しんぶんきしゃ》のかたわら、仲間《なかま》とともに俳句《はいく》や短歌《たんか》を作《つく》る活動《かつどう》をしました。俳句《はいく》では与《よ》謝蕪村《さぶそん》にひかれ、みんなで熱心《ねっしん》に蕪村《ぶそん》の勉強《べんきょう》をして、俳句《はいく》の本質《ほんしつ》は写生《しゃせい》だと気《き》づくことになります。この「写《しゃ》生《せい》」の考《かんが》えは、現代《げんだい》の俳句《はいく》でも最《もっと》も重《おも》んじられています。

　しかし子規《しき》は、20さいすぎから病《やまい》になやまされ続《つづ》けました。結《けっ》かくです。養生《ようじょう》のため、松山《まつやま》にいた漱石《そうせき》の下宿《げしゅく》に居候《いそうろう》したこともあります。同居《どうきょ》するなかで、漱石《そうせき》もさそわれて、盛《さか》んに俳句《はいく》を作《つく》るようになりました。子規《しき》が東京《とうきょう》へもどるとちゅう、奈良《なら》でよんだのが有名《ゆうめい》なこの句《く》です。

　　柿《かき》くへ《え》ば鐘《かね》が鳴《な》るなり法隆寺《ほうりゅうじ》

　もどってからも病状《びょうじょう》は重《おも》くなる一方《いっぽう》で、起《お》き上《あ》がることすらままならなくなります。雪《ゆき》が降《ふ》っても、自分《じぶん》の目《め》で見《み》ることすらできません。雪《ゆき》のようすを思《おも》いやって、妹《いもうと》の律《りつ》に向《む》けてでしょうか、よんだ一句《いっく》があります。

　　いくたびも雪《ゆき》の深《ふか》さを尋《たず》ねけり

子規《しき》は、親友《しんゆう》・漱石《そうせき》が留学先《りゅうがくさき》のイギリスから帰《かえ》る直前《ちょくぜん》に亡《な》くなりました。34さいでした。短《みじか》い人生《じんせい》のなかでよんだ俳句《はいく》は、2万句《まんく》ともいわれています。でも命《いのち》がもっとあれば、もっともっと作《つく》ったことでしょう。

関西大学名誉教授《かんさいだいがくめいよきょうじゅ》　藤田真一《ふじたしんいち》

春

菫《すみれ》程《ほど》な小《ち》さき人《ひと》に生《う》れたし

俳句《はいく》の意味《いみ》

小《ちい》さくても美《うつく》しくたくましく野《の》にさく、そんなスミレのような人《ひと》に生《う》まれてみたいものだ。季語《きご》は「菫《すみれ》(春《はる》)」。

作者《さくしゃ》　夏目漱石《なつめそうせき》

ゆさゆさと大枝《おおえだ》ゆるる桜《さくら》かな

俳句《はいく》の意味《いみ》

満開《まんかい》の花《はな》をつけたサクラの大《おお》きな枝《えだ》が、(風《かぜ》にふかれて)ゆさゆさとゆれている(それでも花《はな》は散《ち》らずにさいている)。

作者《さくしゃ》　村上鬼城《むらかみきじょう》

30ページ

遠山《とおやま》に日《ひ》の当《あた》りたる枯野《かれの》かな

俳句《はいく》の意味《いみ》

遠《とお》くの山《やま》は、冬《ふゆ》の日《ひ》が当《あ》たって明《あか》るい。その前面《ぜんめん》には(ありありと)ものさびしいかれ野《の》が広《ひろ》がっている。

作者《さくしゃ》　高浜虚子《たかはまきょし》

25ページ

近代《きん》《だい》の俳句《はい》《く》で

夏

貰《もら》ひ来《く》る茶碗《ちゃわん》の中《なか》の金魚《きんぎょ》かな

俳句《はいく》の意味《いみ》

金魚《きんぎょ》をもらってきたよ。ありあわせの茶《ちゃ》わんだけど、ほら。茶《ちゃ》わんの中《なか》で金魚《きんぎょ》が泳《およ》いでいるよ。季語《きご》は「金魚《きんぎょ》(夏《なつ》)」。

作者《さくしゃ》　内藤鳴雪《ないとうめいせつ》

秋

赤蜻蛉《あかとんぼ》
筑波《つくば》に雲《くも》も
なかりけり

俳句《はいく》の意味《いみ》

赤《あか》トンボよ。筑波山《つくばさん》には雲《くも》もかかっておらず、山《やま》の姿《すがた》がくっきりと見《み》えているよ。

作者《さくしゃ》　正岡子規《まさおかしき》

10ページ

季《き》節《せつ》を味《あじ》わう

夏野《なつの》尽《つ》きて
道山《みちやま》に入《い》る
人力車《じんりきしゃ》

俳句《はいく》の意味《いみ》

人力車《じんりきしゃ》に乗《の》って夏《なつ》の野原《のはら》の道《みち》を(ずいぶん長《なが》く)進《すす》んできたが、これから、道《みち》は山《やま》へ入《はい》ろうとしている。

作者《さくしゃ》　正岡子規《まさおかしき》

17ページ

木《こ》がらしや
目刺《めざし》にのこる
海《うみ》のいろ

俳句《はいく》の意味《いみ》

外《そと》では木《こ》がらしがふいている。目《め》刺《ざし》(イワシの干物《ひもの》。目《め》からあごへ、わらなどをさして干《ほ》す)の串《くし》ざしになった目《め》には、冬《ふゆ》の冷《つめ》たい海《うみ》の色《いろ》をただよわせたままで。季語《きご》は「木がらし(冬)」。

作者《さくしゃ》　芥川龍之介《あくたがわりゅうのすけ》

凩《こがらし》や
海《うみ》に夕日《ゆうひ》を
吹《ふ》き落《お》とす

俳句《はいく》の意味《いみ》

木《こ》がらしがふいた。その風《かぜ》が、夕日《ゆうひ》を海《うみ》にふき落《お》とすと急《きゅう》に暗《くら》くなった。季語《きご》は「凩《こがらし》(冬《ふゆ》)」。

作者《さくしゃ》　夏目漱石《なつめそうせき》

冬

正《まさ》岡《おか》子《し》規《き》ってどんな人《ひと》？

近代化《きんだいか》が進《すす》む明治時代《めいじじだい》 新《あら》たな時代《じだい》の俳句《はいく》が誕生《たんじょう》

正岡《まさおか》子規《しき》が生《い》きた明治時代《めいじじだい》、日本《にほん》は盛《さか》んに西洋《せいよう》の文化《ぶんか》を取《と》り入《い》れ、近《きん》代化《だいか》を目指《めざ》してどんどん変《か》わっていきました。政治《せいじ》や社会《しゃかい》が大《おお》きく変化《へんか》する中《なか》で、子規《しき》は、江戸時代《えどじだい》から続《つづ》いてきた俳句《はいく》を、新《あたら》しい時代《じだい》の人々《ひとびと》の心《こころ》にひびくものに一新《いっしん》しました。

先生《せんせい》なしで俳句《はいく》を始《はじ》めるも 結《けっ》かくにかかり、血《ち》をはく

子規《しき》は現在《げんざい》の愛媛県松山市《えひめけんまつやまし》に生《う》まれました。15さいで松山中学《まつやまちゅうがく》を中退《ちゅうたい》して、東京《とうきょう》へ。翌年《よくねん》、大学予備門《だいがくよびもん》*1に入学《にゅうがく》し、22さいで東京帝国大学《とうきょうていこくだいがく》に入学《にゅうがく》します。この間《かん》に、子規《しき》の人生《じんせい》を大《おお》きく変《か》える出来事《できごと》がありました。ひとつは、17さいで俳句《はいく》を始《はじ》めたこと。もうひとつが、20さいのとき血《ち》をはいたことです。結《けっ》かくという病《びょう》気《き》で、当時《とうじ》は不治《ふじ》の病《やまい》でした。

病気《びょうき》による苦《くる》しみの中《なか》で 意欲的《いよくてき》に俳句《はいく》に取《と》り組《く》む

子規《しき》は23さいごろから、本格的《ほんかくてき》に俳句《はいく》に取《と》り組《く》みはじめます。だんだん悪化《あっか》していく病気《びょうき》に苦《くる》しみながらも、母《はは》や妹《いもうと》、友人《ゆうじん》たちに支《ささ》えられ、新聞《しんぶん》「日本《にっぽん》」に俳句《はいく》やずい筆《ひつ》*2などを連《れん》さいし続《つづ》けました。30さいからは、俳句雑誌《はいくざっし》「ホトトギス」を発行《はっこう》します。短歌《たんか》や文章《ぶんしょう》についても、新《あたら》しい考《かんが》えや表現方法《ひょうげんほうほう》を発表《はっぴょう》して、多《おお》くの人《ひと》から共感《きょうかん》を得《え》ましたが、34さいの若《わか》さで亡《な》くなりました。

「写生《しゃせい》」の考《かんが》えで 俳句《はいく》も短歌《たんか》も文章《ぶんしょう》も改革《かいかく》

子規《しき》が提案《ていあん》した新《あたら》しい表現方法《ひょうげんほうほう》とは「写生《しゃせい》」です。視点《してん》を定《さだ》めて、風景《ふうけい》を見《み》たままに俳句《はいく》にしようというものです。これは短歌《たんか》や文章《ぶんしょう》にもあてはめられて、日本《にほん》の文学全体《ぶんがくぜんたい》に、現在《げんざい》まで続《つづ》くえいきょうをあたえました。

正岡子規《まさおかしき》の人生年表《じんせいねんぴょう》

年《ねん》れいは満年《まんねん》れい
◇は世《よ》の中《なか》の動《うご》き

1867年《ねん》（0さい）	現《げん》在《ざい》の愛媛県松山市《えひめけんまつやまし》に生《う》まれる（現《げん》在《ざい》の暦《こよみ》で10月《がつ》14日《にち》）。父《ちち》は、松山藩《まつやまはん》の下級武士《かきゅうぶし》（5さいのときに亡《な》くなる）。 ◇大政奉還《たいせいほうかん》が行《おこな》われる。
1868年《ねん》（1さい）	◇年号《ねんごう》が明治《めいじ》に改《あらた》められる。

＊1 大学予備門《だいがくよびもん》：東京帝国大学《とうきょうていこくだいがく》に入《はい》る前《まえ》に、必要《ひつよう》な知識《ちしき》を学《まな》ぶための学校《がっこう》。のちに第一高等中学校《だいいちこうとうちゅうがっこう》などを経《へ》て、現在《げんざい》の東京大学《とうきょうだいがく》教養学部《きょうようがくぶ》となった。

1884年《ねん》（17さい）	前年《ぜんねん》に上京《じょうきょう》し、7月《がつ》、大学予備門《だいがくよびもん》に合格《ごうかく》する。
1885年《ねん》（18さい）	学年《がくねん》試験《しけん》で落第《らくだい》する。初《はじ》めて俳句《はいく》を作《つく》る。
1887年《ねん》（20さい）	7月《がつ》、帰省《きせい》した際《さい》に、俳句《はいく》を学《まな》ぶ。このころからベースボールに熱中《ねっちゅう》し始《はじ》める。
1888年《ねん》（21さい）	8月《がつ》、初《はじ》めて血《ち》をはく。
1889年《ねん》（22さい）	1月《がつ》、夏目漱石《なつめそうせき》と友人《ゆうじん》になる。5月《がつ》、血《ち》をはきホトトギスの句《く》を50句近《ちか》く作《つく》る。初《はじ》めて「子規《しき》」の俳号《はいごう》を使《つか》う。
1890年《ねん》（23さい）	東京帝国大学《とうきょうていこくだいがく》に進学《しんがく》する。◇第一回帝国議会《だいいっかいていこくぎかい》が開《ひら》かれる。
1892年《ねん》（25さい）	6月《がつ》、新聞《しんぶん》で俳句《はいく》について連《れん》さいを始《はじ》める。9月《がつ》、退学《たいがく》。11月《がつ》、母《はは》・八重《やえ》と妹《いもうと》・律《りつ》を東京《とうきょう》にむかえる。12月《がつ》、日本《にっぽん》新聞社《しんぶんしゃ》に入社《にゅうしゃ》する。
1894年《ねん》（27さい）	2月《がつ》、子規庵《しきあん》に引《ひ》っこす。3月《がつ》、中村《なかむら》不折《ふせつ》と知《し》り合《あ》い、「写生《しゃせい》」に興味《きょうみ》をもつ。
1895年《ねん》（28さい）	4月《がつ》、日清戦争《にっしんせんそう》の取材《しゅざい》に向《む》かい、5月《がつ》、県立神戸《けんりつこうべ》病院《びょういん》に入院《にゅういん》する。8月《がつ》、松山《まつやま》の夏目漱石《なつめそうせき》の下宿《げしゅく》で同居《どうきょ》。10月《がつ》、東京《とうきょう》にもどり「俳諧大要《はいかいたいよう》」の連《れん》さいを始《はじ》める。
1897年《ねん》（30さい）	松山《まつやま》で、柳原極堂《やなぎはらきょくどう》が子規派《しきは》の俳句《はいく》雑誌《ざっし》「ほととぎす」を発行《はっこう》する。
1898年《ねん》（31さい）	2月《がつ》、「歌《うた》よみに与《あた》ふる書《しょ》」の連《れん》さいを始《はじ》める。10月《がつ》、子規《しき》が中心《ちゅうしん》となり、東京《とうきょう》で「ホトトギス」を発行《はっこう》する。
1900年《ねん》（33さい）	9月《がつ》、文章会《ぶんしょうかい》が開《ひら》かれる。夏目漱石《なつめそうせき》がイギリス留学《りゅうがく》に出発《しゅっぱつ》する。
1901年《ねん》（34さい）	痛《いた》みが増《ま》すなか、水彩画《すいさいが》をよくえがくようになる。
1902年《ねん》	9月《がつ》19日《にち》、34さいで亡《な》くなる。

＊2 ずい筆《ひつ》：エッセイ。自分《じぶん》の体験《たいけん》や気持《きも》ちを書《か》いたもの。

手《て》さぐりで俳句《はい》《く》の道《みち》へ

なんとなく俳句《はいく》を始《はじ》める

―だれからも教《おそ》わらずに俳句《はいく》を作《つく》る―

秋《あき》の蚊《か》や畳《たたみ》にそふて低《ひく》く飛《と》ぶ

俳句《はいく》の意味《いみ》

秋《あき》になっても生《い》き残《のこ》った蚊《か》がいた。たたみの上《うえ》を、すれすれに低《ひく》く飛《と》ぶほど弱《よわ》っている。

季語《きご》

秋《あき》の蚊《か》（秋《あき》）

もっとくわしく

◆見《み》たままの俳句《はいく》

ありふれた光景《こうけい》を見《み》たままに俳句《はいく》にすることで、かえって秋《あき》の蚊《か》の弱々《よわよわ》しさや残《のこ》り少《すく》ない命《いのち》を感《かん》じさせます。この見《み》たままをただよむというけい向《こう》は、子規《しき》が俳句《はいく》を始《はじ》めたときからの特《とく》ちょうです。のちの「写生《しゃせい》」（14ページ）を思《おも》わせる作風《さくふう》ですが、初期《しょき》の俳句《はいく》はつまらないと評価《ひょうか》されることもあります。

このころの子規《しき》

15さいで東京《とうきょう》にやってきた子規《しき》は、翌年《よくねん》、大学予備門《だいがくよびもん》に合格《ごうかく》。18さいのときに、俳《はい》句《く》を作《つく》り始《はじ》めます。19さいのときに、一度《いちど》、松山《まつやま》で俳句《はいく》の先生《せんせい》に会《あ》いに行《い》ったことがあるものの、生《しょう》がいを通《とお》して、子規《しき》は俳《はい》句《く》の先生《せんせい》をもちませんでした。

「子規《しき》」という名前《なまえ》の由来《ゆらい》

「子規《しき》」とは俳号《はいごう》（今《いま》でいうペンネーム）で、ホトトギスのこと。子規《しき》は21さいのとき、結《けっ》かくになり血《ち》をはきました。その時《とき》にホトトギスの句《く》を40～50句《く》も作《つく》り、この俳号《はいごう》を使《つか》い始《はじ》めました。ホトトギスは鳴《な》いて血《ち》をはくといわれることから、自分《じぶん》をホトトギスになぞらえたのです。

俳《はい》句《く》に本《ほん》気《き》になる

俳句《はいく》の研究《けんきゅう》を通《つう》じて、知識《ちしき》や見方《みかた》を深《ふか》める

**薪《まき》をわる
いもうと一人《ひとり》
冬籠《ふゆごもり》**

俳句《はいく》の意味《いみ》

（いっしょに暮《く》らし、世話《せわ》をしてくれている）妹《いもうと》がひとりで、まきを割《わ》る音《おと》が聞《き》こえてくる。（食事《しょくじ》を作《つく》るのだろう。）家《いえ》に引《ひ》きこもって過《す》ごす、静《しず》かな冬《ふゆ》の日《ひ》に。

季《き》語《ご》

冬籠《ふゆごもり》（冬《ふゆ》）

もっとくわしく

◆**妹《いもうと》**

日本新聞社《にっぽんしんぶんしゃ》に入社《にゅうしゃ》する前《まえ》の月《つき》、子規《しき》は妹《いもうと》と母《はは》を東京《とうきょう》にむかえると、亡《な》くなるまで3人《にん》で暮《く》らしました。この句《く》は28さいの作品《さくひん》。まきを割《わ》る妹《いもうと》の姿《すがた》を俳句《はいく》にすることで、何《なに》もせず家《いえ》にこもっている自分《じぶん》を、ふがいなく思《おも》う気持《きも》ちが強《つよ》く印象《いんしょう》づけられます。

◆**冬籠《ふゆごもり》**

人間《にんげん》や動植物《どうしょくぶつ》が活動《かつどう》をやめて、家《いえ》や巣穴《すあな》、土《つち》の中《なか》などにこもって過《す》ごすこと。木《き》が葉《は》を落《お》とし、草《くさ》がかれた冬《ふゆ》がれの景色《けしき》を指《さ》すこともあります。俳句《はいく》では主《おも》に、人間《にんげん》が家《いえ》にこもっているようすを指《さ》して使《つか》われました。

このころの子規《しき》

子規《しき》は22さいで、東京帝国大学《とうきょうていこくだいがく》に入学《にゅうがく》します。このころから古《ふる》い俳句《はいく》を集《あつ》めて分類《ぶんるい》する作業《さぎょう》に着手《ちゃくしゅ》。24さいの9月《がつ》には、親友《しんゆう》・夏目漱石《なつめそうせき》が止《と》めるのも聞《き》かずに大学《だいがく》を辞《や》め、25さいになった12月《がつ》に日本新聞社《にっぽんしんぶんしゃ》に入社《にゅうしゃ》。翌年《よくねん》、昔《むかし》からの俳句《はいく》（月並俳句《つきなみはいく》＊）に対《たい》する批判《ひはん》を発表《はっぴょう》しました。

子規《しき》とベースボール（野球《やきゅう》）

子規《しき》は子《こ》どものころ泣《な》き虫《むし》で弱々《よわよわ》しく、成長《せいちょう》してからも運動《うんどう》ぎらいでした。例外《れいがい》が、アメリカから日本《にほん》に伝《つた》わったばかりのベースボールで、20さいごろから夢中《むちゅう》に。高浜虚子《たかはまきょし》たちが子規《しき》と親《した》しくなったきっかけも、俳句《はいく》ではなくベースボールだったといいます。ベースボールをよんだ俳句《はいく》や短歌《たんか》も多《おお》く、小説《しょうせつ》にも登場《とうじょう》させ、ルールを説明《せつめい》した文章《ぶんしょう》も書《か》いています。

＊月並俳句《つきなみはいく》：江戸時代後期《えどじだいこうき》から明治《めいじ》にかけての俳句《はいく》を、平《へい》ぼんで読《よ》むにたえないものとして子規《しき》がいいだした言葉《ことば》。

萩《はぎ》散《ち》るや
筧《かけい》の下《した》の
水《みず》溜《たま》り

俳句《はいく》の意味《いみ》

ハギの花《はな》が散《ち》っていく。ハギのすぐ下《した》には筧《かけい》があって、水《みず》とともに花《はな》が水《みず》たまりへ流《なが》れ落《お》ちていく。

季語《きご》

萩《はぎ》（秋《あき》）

もっとくわしく

◆筧《かけい》

小川《おがわ》やわき水《みず》などの水《みず》を、水源《すいげん》からためる所《ところ》まで導《みちび》く仕《し》かけ。竹《たけ》や木《き》で作《つく》られます。樋《とい》。

◆水《みず》たまり

散《ち》ったハギの花《はな》が、水面《みなも》にうかぶようすをよんだ美《うつく》しい俳句《はいく》。小《ちい》さなハギの花《はな》びらの動《うご》きをとらえました。

日《ひ》のあたる
石《いし》にさは《わ》れば
つめたさよ

俳句《はいく》の意味《いみ》

日《ひ》が当《あ》たっている（温《あたた》かそうな）石《いし》にさわると、はっとするほど冷《つめ》たかった。

季語《きご》

冷《つめ》たし（冬《ふゆ》）

もっとくわしく

◆江戸《えど》時代《じだい》の俳句《はいく》

江戸《えど》時代《じだい》に上島鬼貫《うえしまおにつら》が作《つく》った「あたたかき冬《ふゆ》の日向《ひなた》の寒《さむ》さ哉《かな》（あたたかそうに太陽《たいよう》が照《て》らしている日向《ひなた》でも、冬《ふゆ》は寒《さむ》いなあ）」をもとにしたとされる俳句《はいく》です。鬼貫《おにつら》の句《く》の、冬《ふゆ》の「日向《ひなた》」を「石《いし》」として対象《たいしょう》をせばめたことで、冷《つめ》たさがより具体的《ぐたいてき》にせまってきます。

このころの子規《しき》

27さいの4月《がつ》、子規《しき》は周囲《しゅうい》の反対《はんたい》をおし切《き》って日清戦争《にっしんせんそう》の取材《しゅざい》に向《む》かいます。しかし子規《しき》が中国大陸《ちゅうごくたいりく》に着《つ》いたころには戦争《せんそう》は終《お》わっていたうえ、病状《びょうじょう》も悪化《あっか》。帰国後《きこくご》は神戸《こうべ》で入院生活《にゅういんせいかつ》を送《おく》ります。その後《ご》は、2カ月《げつ》ほど、松山《まつやま》の夏目漱石《なつめそうせき》の下宿《げしゅく》に居候《いそうろう》しました（28ページ）。

子規《しき》が日清戦争《にっしんせんそう》の取材《しゅざい》に持《も》って行《い》ったカバン。

赤蜻蛉《あかとんぼ》
筑波《つくば》に雲《くも》も
なかりけり

俳句《はいく》の意味《いみ》

赤《あか》トンボよ。筑波山《つくばさん》には雲《くも》もかかっておらず、山《やま》の姿《すがた》がくっきりと見《み》えているよ。

季語《きご》

赤蜻蛉《あかとんぼ》（秋《あき》）

もっとくわしく

◆筑波《つくば》

筑波山《つくばさん》（茨城県《いばらきけん》）のこと。それほど高《たか》さはありませんが、東京《とうきょう》からも当時《とうじ》はよく見《み》えたようです。

◆散歩《さんぽ》

日清戦争《にっしんせんそう》の最中《さいちゅう》、当時《とうじ》、住《す》んでいた根岸《ねぎし》（東京都台東区《とうきょうとたいとうく》）の近《ちか》くを散歩《さんぽ》しながら、よく俳句《はいく》を作《つく》りました。この句《く》もそのひとつです。

六月《ろくがつ》を奇麗《きれい》な風《かぜ》の吹《ふ》くことよ

俳句《はいく》の意味《いみ》

（梅雨《つゆ》のじめっとした）6月《がつ》なのに、今日《きょう》はなんてきれいな風《かぜ》がふきぬけていくことか。

季語《きご》

六月《ろくがつ》（夏《なつ》）

もっとくわしく

◆入院中《にゅういんちゅう》の俳句《はいく》

5月《がつ》、子規《しき》は日清戦争《にっしんせんそう》の取材《しゅざい》からもどるとちゅう、船《ふね》の中《なか》で血《ち》をはいて死《し》にかけ、県立神戸病院《けんりつこうべびょういん》に入院《にゅういん》。入院後《にゅういんご》も何度《なんど》も血《ち》をはいて、生死《せいし》の境《さかい》をさまよいました。7月《がつ》には須磨保養院《すまほよういん》に移《うつ》り、その入院中《にゅういんちゅう》に作《つく》った俳句《はいく》です。夏《なつ》へ向《む》かう蒸《む》し暑《あつ》いころにふいた風《かぜ》を、「奇麗《きれい》な風《かぜ》」と表現《ひょうげん》した子規《しき》の心境《しんきょう》を思《おも》うと、病気《びょうき》から快復《かいふく》し始《はじ》めたことが想像《そうぞう》されます。

行《ゆ》く我《われ》にとどまる汝《なれ》に秋《あき》二《ふた》つ

俳句《はいく》の意味《いみ》

（ここ松山《まつやま》を）去《さ》って行《い》く私《わたし》には（東京《とうきょう》の）秋《あき》があり、ここにとどまる君《きみ》にも（松山《まつやま》の）秋《あき》がある。

季語《きご》

秋《あき》（秋《あき》）

もっとくわしく

◆漱石《そうせき》との別《わか》れ

子規《しき》は須磨保養院《すまほよういん》を退院後《たいいんご》、8月《がつ》から漱石《そうせき》の松山《まつやま》の下宿《げしゅく》に居候《いそうろう》していました。10月《がつ》、そこから東京《とうきょう》へもどる際《さい》に別《わか》れをおしんで作《つく》った俳句《はいく》です。

◆秋二《あきふた》つ

2つの秋《あき》とは「行《ゆ》く我《われ》」と、「とどまる汝《なれ》」の秋《あき》のこと。子規《しき》と漱石《そうせき》にそれぞれの暮《く》らし、また人生《じんせい》があることを指《さ》しています。

柿《かき》くへ《え》ば鐘《かね》が鳴《な》るなり法隆寺《ほうりゅうじ》

俳句《はいく》の意味《いみ》

好物《こうぶつ》のカキを食《た》べていると、寺《てら》のかねがひとつ鳴《な》った。ああ、法隆寺《ほうりゅうじ》のかねの音《おと》だ。

季語《きご》

柿《かき》（秋《あき》）

もっとくわしく

◆漱石《そうせき》の俳句《はいく》

松山《まつやま》から東京《とうきょう》へもどるとちゅう、奈良《なら》の法隆寺《ほうりゅうじ》近《ちか》くの茶店《ちゃみせ》で作《つく》った句《く》とされています（東大寺《とうだいじ》の近《ちか》くで作《つく》ったという説《せつ》もあります）。また子規《しき》の松山《まつやま》たい在中《ざいちゅう》に新聞《しんぶん》にのった、漱石《そうせき》の「鐘《かね》つけば銀杏《いちょう》ちるなり建長寺《けんちょうじ》（かねをついたらイチョウの葉《は》が散《ち》った。鎌倉《かまくら》の建《けん》長寺《ちょうじ》で）」という句《く》をもとにして作《つく》った、子規《しき》から漱石《そうせき》への返信《へんしん》のような句《く》ではないかともいわれています。

1889年《ねん》、大日本帝国憲法《だいにっぽんていこくけんぽう》が発布《はっぷ》されたときのようす。ただし画《が》家《か》は会場《かいじょう》に入《はい》れず、想像《そうぞう》でえがきました。

コラム

明治政府《めいじせいふ》と新《あたら》しい国《くに》の仕組《しく》み

正岡子規《まさおかしき》が生《う》まれた1867年《ねん》、大政奉還《たいせいほうかん》と王政復古《おうせいふっこ》の大号令《だいごうれい》が行《おこな》われました。これにより、将軍《しょうぐん》から天皇《てんのう》へ政権《せいけん》（政治《せいじ》を行《おこな》う権力《けんりょく》）が返《かえ》され、天皇中心《てんのうちゅうしん》の新《あら》たな仕組《しく》みで政治《せいじ》が始《はじ》まることになりました。

江戸《えど》から明治《めいじ》へ

西洋化《せいようか》の進《すす》む社会《しゃかい》

江戸《えど》から明治《めいじ》へ時代《じだい》が変《か》わると、西洋《せいよう》の文物《ぶんぶつ》が大量《たいりょう》に入《はい》ってきました。明治政府《めいじせいふ》はそれらを活《い》かし国《くに》を豊《ゆた》かにし、西洋《せいよう》の国々《くにぐに》に認《みと》められようとします。江戸時代末期《えどじだいまっき》に結《むす》ばれた不平等条約《ふびょうどうじょうやく》を改正《かいせい》し、西洋《せいよう》の国々《くにぐに》と対等《たいとう》な関係《かんけい》を築《きず》く必要《ひつよう》があったからです。西洋《せいよう》にならって憲法《けんぽう》や内閣制度《ないかくせいど》など政治《せいじ》の仕組《しく》みを整《ととの》え、あわせてさまざまな社会改革《しゃかいかいかく》を実行《じっこう》しました。武士《ぶし》の特権《とっけん》をなくすといった身分制度《みぶんせいど》の改革《かいかく》、土地制度《とちせいど》と税制《ぜいせい》の改革《かいかく》（地租改正《ちそかいせい》）、教育制度《きょういくせいど》のじゅうじつ、徴兵制《ちょうへいせい》の制定《せいてい》などです。

さらに、産業《さんぎょう》の発展《はってん》にも取《と》り組《く》み、工場《こうじょう》を建《た》てたり、鉄道《てつどう》をしいたり、西洋風《せいようふう》の町《まち》並《な》みを整備《せいび》したりもしました。

1872年《ねん》に設立《せつりつ》された富岡製糸場《とみおかせいしじょう》（群馬県《ぐんまけん》）。日本初《にほんはつ》の、本格的《ほんかくてき》に機械《きかい》が導入《どうにゅう》された製糸工場《せいしこうじょう》です。

現在《げんざい》の東京都《とうきょうと》中央《ちゅうおう》区《く》京橋《きょうばし》～新橋《しんばし》の辺《あた》りの風景《ふうけい》。レンガ造《づく》りの建物《たてもの》や馬車《ばしゃ》、洋装《ようそう》の人々《ひとびと》などが見《み》られます。

変《か》わる日本《にほん》

暮《く》らしの中《なか》の文明開化《ぶんめいかいか》

明治政府《めいじせいふ》は、人々《ひとびと》の暮《く》らしの西洋化《せいようか》も進《すす》めました。ちょんまげを切《き》るよう断髪令《だんぱつれい》を出《だ》したのもそのひとつ。洋服《ようふく》を皇室《こうしつ》や政府《せいふ》高官《こうかん》の正装《せいそう》（正式《せいしき》な場《ば》で着《き》る服《ふく》）と定《さだ》め、洋服《ようふく》が制服《せいふく》として採用《さいよう》されるきっかけを作《つく》ることもしました。

さらに、肉食《にくしょく》や牛乳《ぎゅうにゅう》など、西洋風《せいようふう》の食事《しょくじ》を人々《ひとびと》にすすめました。これには、西洋風《せいようふう》の食事《しょくじ》をとれば西洋人《せいようじん》のように体《からだ》が大《おお》きく強《つよ》くなるのでは、という期待《きたい》があったようです。子規《しき》も、健康《けんこう》のためにと牛乳《ぎゅうにゅう》をよくのんでいました。

また、西洋《せいよう》と日本《にほん》の文化《ぶんか》を組《く》み合《あ》わせたものも登場《とうじょう》。ぼうしに着物《きもの》、はかまにブーツといった着《き》こなしや、西洋料理《せいようりょうり》を日本風《にほんふう》にしたトンカツなど、さまざまです。

男性《だんせい》2人《ふたり》が、店《みせ》で牛肉《ぎゅうにく》を使《つか》った牛《ぎゅう》なべ（すき焼《や》きに近《ちか》い料理《りょうり》）を食《た》べるようす。右《みぎ》の男性《だんせい》はまげを切《き》って洋服《ようふく》、左《ひだり》はまげに着物《きもの》と対照的《たいしょうてき》な格好《かっこう》です。

1872年《ねん》からは、小学校《しょうがっこう》の義務教育《ぎむきょういく》が始《はじ》まりました。これは先生《せんせい》向《む》けに、授業《じゅぎょう》のやり方《かた》を説明《せつめい》した絵《え》です。

芸術《げいじゅつ》の西洋化《せいようか》

明治時代《めいじじだい》には、芸術《げいじゅつ》も大《おお》きく変化《へんか》しました。絵画《かいが》では、西洋美術《せいようびじゅつ》の油絵《あぶらえ》やデッサンが、音楽《おんがく》では、西洋《せいよう》のリズムや音階《おんかい》（音《おと》の並《なら》び）が取《と》り入《い》れられました。文学《ぶんがく》では、福沢諭吉《ふくざわゆきち》がわかりやすい文章《ぶんしょう》で書《か》くことが大切《たいせつ》だと主張《しゅちょう》。やがて、言文一致《げんぶんいっち》（話《はな》し言葉《ことば》で文章《ぶんしょう》を書《か》く）運動《うんどう》が起《お》きました。さらに、外国語《がいこくご》のほん訳《やく》によって、「自由《じゆう》」「恋愛《れんあい》」「哲学《てつがく》」「人権《じんけん》」などの新《あたら》しい言葉《ことば》も生《う》まれました。

パリで西洋絵画《せいようかいが》を学《まな》んだ黒田清輝《くろだせいき》の作品《さくひん》。作品《さくひん》がえがかれた1891年《ねん》は、子規《しき》が大学《だいがく》を辞《や》める前《まえ》の年《とし》にあたります。

子規《しき》の新《あたら》しい俳句《はいく》

「写生《しゃせい》」を目指《めざ》して

子規《しき》の俳句《はいく》に対《たい》する考《かんが》えが共感《きょうかん》を集《あつ》める

いくたびも雪《ゆき》の深《ふか》さを尋《たず》ねけり

俳句《はいく》の意味《いみ》

（病《やまい》の床《とこ》から起《お》き上《あ》がって雪《ゆき》を見《み》ることができないので、どのくらい積《つ》もっているのかわからない。そこで）何度《なんど》も何度《なんど》も雪《ゆき》の深《ふか》さをたずねたことだった。

季語《きご》

雪《ゆき》（冬《ふゆ》）

もっとくわしく

◆**自分《じぶん》では見《み》られない雪《ゆき》**

子規《しき》が29さいのときの俳句《はいく》。このころ子規《しき》は、病気《びょうき》が悪化《あっか》して歩《ある》くのも難《むずか》しくなり、ほとんどねてすごしていました。それで、雪《ゆき》のようすを自分《じぶん》で確《たし》かめることができなかったのです。降《ふ》った雪《ゆき》を見《み》ることができないもどかしさを、雪《ゆき》の深《ふか》さを確《たし》かめることでいやしていたのでしょう。

正岡子規《まさおかしき》が編集長《へんしゅうちょう》を務《つと》めた、新聞《しんぶん》「小日本《しょうにっぽん》」の俳句《はいく》らんのさし絵《え》。えがいたのは友人《ゆうじん》の中村不折《なかむらふせつ》です。

このころの子規《しき》

東京《とうきょう》にもどった28さいの子規《しき》は、10月《がつ》から「俳諧大要《はいかいたいよう》」の連《れん》さいを新聞《しんぶん》「日本《にっぽん》」で開始《かいし》。この中《なか》で子規《しき》は、俳句《はいく》についての考《かんが》えとして、「写生《しゃせい》」を主張《しゅちょう》しました。

「写生《しゃせい》」とは何《なに》か

子規《しき》の「写生《しゃせい》」論《ろん》は、友人《ゆうじん》で画家《がか》の中村不折《なかむらふせつ》から西洋絵画《せいようかいが》の写生論《しゃせいろん》を聞《き》いたことがきっかけでした。この写生論《しゃせいろん》とは「見《み》たものをただありのまま写《うつ》すのではなく、写《うつ》すべき状《じょう》きょうに応《おう》じて取捨《しゅしゃ》選《せん》たくしてえがく」というものです。見《み》たものの印象的《いんしょうてき》な部分《ぶぶん》を取《と》り分《わ》けて俳句《はいく》をよむという主張《しゅちょう》には、初心者《しょしんしゃ》でも取《と》り組《く》みやすい利点《りてん》があり、多《おお》くの人《ひと》の手本《てほん》となりました。

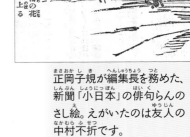

長《なが》き夜《よ》や孔明《こうめい》死《し》する三国志《さんごくし》

俳句《はいく》の意味《いみ》

毎晩《まいばん》「三国志《さんごくし》」を読《よ》んで、秋《あき》の長《なが》い夜《よる》の楽《たの》しみにしていたが、ついに孔明《こうめい》が病死《びょうし》するところまで読《よ》んでしまった（まだ「三国志《さんごくし》」を読《よ》み終《お》えたわけではないが、どうしようかなあ）。

季語《きご》

長《なが》き夜《よ》（秋《あき》）

もっとくわしく

◆**孔明《こうめい》**

諸葛亮《しょかつりょう》。諸葛孔明《しょかつこうめい》ともよばれます。古代中国《こだいちゅうごく》の三国時《さんごくじ》代《だい》の政治家《せいじか》で軍師《ぐんし》。「三国《さんごく》志《し》」にも活《かつ》やくが記《しる》されており、その死《し》の場面《ばめん》は「三国《さんごく》志《し》」のクライマックスのひとつとなっています。

◆**三国志《さんごくし》**

古代中国《こだいちゅうごく》の三国時代《さんごくじだい》（2～3世紀《せいき》）の歴史《れきし》を記録《きろく》した書物《しょもつ》。これをもとに、のちの時代《じだい》にさまざまな物語《ものがたり》が作《つく》られました。

◆**本《ほん》の中《なか》のできごと**

本《ほん》の中《なか》のできごとをそのまま俳句《はいく》にしながら、なんともいえない気持《きも》ちをうまく表現《ひょうげん》しています。

榎《え》の実《み》散《ち》る此頃《このごろ》うとし隣《となり》の子《こ》

俳句《はいく》の意味《いみ》

（秋《あき》も深《ふか》まって）エノキの実《み》が落《お》ち始《はじ》めた。このごろはとなりの子《こ》どもも、ちっとも遊《あそ》びに来《こ》ないなあ。

季語《きご》

榎《え》の実《み》（秋《あき》）

もっとくわしく

◆**エノキ**

落葉広葉樹《らくようこうようじゅ》で、高《たか》さ15～20m《メートル》に成長《せいちょう》します。4～5月《がつ》ごろに花《はな》がさき、10月《がつ》ごろにオレンジ色《いろ》の実《み》がなります。

◆**事実《じじつ》で気持《きも》ちを表現《ひょうげん》**

「此頃《このごろ》うとし」という事実《じじつ》を通《とお》して、近所《きんじょ》の子《こ》どもが遊《あそ》びに来《こ》なくなり、さびしく感《かん》じる気持《きも》ちを表現《ひょうげん》しています。

梨《なし》むくや甘《あま》き雫《しずく》の刃《は》を垂《た》るる

俳句《はいく》の意味《いみ》

ナシの皮《かわ》をむいていると、あまそうなしずくが包丁《ほうちょう》の刃《は》を伝《つた》って、したたり落《お》ちてくる。

季語《きご》

梨《なし》（秋《あき》）

もっとくわしく

◆**果物大好《くだものだいす》き**

まだ食《た》べていないナシを「甘《あま》き」と感《かん》じるとは、さすが食《く》いしんぼう。子規《しき》はそのうえ大食《おおぐ》いで、特《とく》に好物《こうぶつ》の果物《くだもの》は病気《びょうき》になってからもよく食《た》べていました。この句《く》のころの文章《ぶんしょう》にも、果物《くだもの》を食《た》べて力《ちから》を得《え》て文章《ぶんしょう》を書《か》いたとか、毎日《まいにち》ナシを10個食《こた》べた、というものがあります。

「ホトトギス」と新《あたら》しい文《ぶん》章《しょう》

俳《はい》句《く》だけでなく、短《たん》歌《か》や文《ぶん》章《しょう》にも情《じょう》熱《ねつ》を傾《かたむ》ける

小《さ》夜《よ》時《し》雨《ぐれ》上《うえ》野《の》を虚《きょ》子《し》の来《き》つつあらん

俳《はい》句《く》の意《い》味《み》

冬《ふゆ》の夜《よる》に、時《し》雨《ぐれ》が降《ふ》っている。そんな中《なか》、（下《げ》宿《しゅく》から私《わたし》の家《いえ》に）虚《きょ》子《し》は向《む》かっていることだろう、今《いま》ごろは上《うえ》野《の》辺《あた》りだろうか。

季《き》語《ご》

小《さ》夜《よ》時《し》雨《ぐれ》（冬《ふゆ》）

もっとくわしく

◆**小《さ》夜《よ》時《し》雨《ぐれ》**

冬《ふゆ》の夜《よる》に、降《ふ》ったり止《や》んだりする雨《あめ》のこと。

◆**仲《なか》間《ま》たちの看《かん》病《びょう》**

29さいのとき、子《し》規《き》の病《びょう》状《じょう》は11月《がつ》半《なか》ばから悪《あっ》化《か》し、俳《はい》句《く》や短《たん》歌《か》の仲《なか》間《ま》が毎《まい》晩《ばん》交《こう》たいで看《かん》病《びょう》をしていたことがありました。子《し》規《き》は「虚《きょ》子《し》や河《かわ》東《ひがし》碧《へき》梧《ご》桐《とう》がいれば、苦《くる》しいときでもつらくない」とも書《か》いています。仲《なか》間《ま》が近《ちか》くにいると安《あん》心《しん》したのでしょう。看《かん》病《びょう》の当《とう》番《ばん》である虚《きょ》子《し》を待《ま》ちわびる気《き》持《も》ちが、俳《はい》句《く》にあふれています。

三《さん》千《ぜん》の俳《はい》句《く》を閲《けみ》し柿《かき》二《ふた》つ

俳《はい》句《く》の意《い》味《み》

新《しん》聞《ぶん》に投《とう》こうされた、三《さん》千《ぜん》の俳《はい》句《く》に目《め》を通《とお》して、優《すぐ》れた俳《はい》句《く》を選《えら》び、（ひと仕《し》事《ごと》終《お》えて）カキを2つ食《た》べた。

季《き》語《ご》

柿《かき》（秋《あき》）

もっとくわしく

◆**三《さん》千《ぜん》の**

多《おお》くの、たくさんの、といった意《い》味《み》の比《ひ》ゆ（たとえ）。「二《ふた》つ」と、数《すう》字《じ》の対《たい》比《ひ》になっています。

◆**閲《けみ》し**

目《め》を通《とお》す、見《み》て確《たし》かめる、調《しら》べる、といった意《い》味《み》。

◆**病《びょう》気《き》でも働《はたら》く**

子《し》規《き》は亡《な》くなるまで、日《にっ》本《ぽん》新《しん》聞《ぶん》社《しゃ》の社《しゃ》員《いん》でした。この句《く》を作《つく》った30さいのころも、ねたり起《お》きたりの体《たい》調《ちょう》のなかで、新《しん》聞《ぶん》の連《れん》さいを続《つづ》け、投《とう》こうされた俳《はい》句《く》のなかから新《しん》聞《ぶん》で取《と》り上《あ》げる句《く》を選《えら》んだりしていました。

夏野《なつの》尽《つ》きて道山《みちやま》に入《い》る人力車《じんりきしゃ》

俳句《はいく》の意味《いみ》

人力車《じんりきしゃ》に乗《の》って夏《なつ》の野原《のはら》の道《みち》を（ずいぶん長《なが》く）進《すす》んできたが、これから道《みち》は山《やま》へ入《はい》ろうとしている。

季語《きご》

夏野《なつの》（夏《なつ》）

もっとくわしく

◆**夏野尽《なつのつ》きて**

「夏野尽《なつのつ》きて」のひと言《こと》で、人力車《じんりきしゃ》を長時《ちょうじ》間走《かんはし》らせて来《き》たことがわかり、背後《はいご》に広《ひろ》がる野原《のはら》と目《め》の前《まえ》にせまる山《やま》の風景《ふうけい》がうかびます。外出《がいしゅつ》が困難《こんなん》な子規《しき》が、頭《あたま》の中《なか》にえがいた風景《ふうけい》を句《く》にしたのかもしれません。

◆**人力車《じんりきしゃ》**

明治《めいじ》・大正時代《たいしょうじだい》によく使《つか》われた、人《ひと》を乗《の》せて人《ひと》の力《ちから》で運《はこ》ぶ二輪《にりん》の車《くるま》。

蜩《ひぐらし》や机《つくえ》を圧《あっ》す椎《しい》の影《かげ》

俳句《はいく》の意味《いみ》

ヒグラシの声《こえ》が聞《き》こえてくる室内《しつない》。そこにうっそうとしげるシイの大木《たいぼく》が、押《お》しつぶすようにかげを机《つくえ》の上《うえ》に落《お》としている。

季語《きご》

蜩《ひぐらし》（秋《あき》）

もっとくわしく

◆**蜩《ひぐらし》**

セミの一種《いっしゅ》。7〜9月中旬《がつちゅうじゅん》ごろ、特《とく》に日《ひ》の出《で》や日《ひ》の入《い》りなどの、うす暗《ぐら》い時間帯《じかんたい》に「カナカナ」と鳴《な》きます。古《ふる》くから、すずしさやもの悲《がな》しさを感《かん》じさせる存在《そんざい》として和歌《わか》によまれてきました。

◆**椎《しい》**

子規庵《しきあん》の庭《にわ》には大《おお》きなシイの木《き》があり、この木《き》をよんだ俳句《はいく》がいくつも残《のこ》っています。ねていることが多《おお》い子規《しき》にとって、成長《せいちょう》した大木《たいぼく》のかげが自分《じぶん》をおびやかすように感《かん》じたのかもしれません。

このころの子規《しき》

28さいから31さいにかけて、子規《しき》の病気《びょうき》はいっそう悪化《あっか》。その一方《いっぽう》で、子規《しき》が唱《とな》えた新《あたら》しい俳句《はいく》は多《おお》くの共感《きょうかん》を得《え》て、子規庵《しきあん》での句会《くかい》や俳句雑誌《はいくざっし》「ホトトギス」の発行《はっこう》につながっていきます。さらに30さいからは短歌《たんか》や文章《ぶんしょう》の改革《かいかく》にものりだしました。

新《あたら》しい短歌《たんか》と文章《ぶんしょう》

子規《しき》は30さいのときに、「歌《うた》よみに与《あた》ふる書《しょ》」を発表《はっぴょう》。身近《みぢか》なものに目《め》を向《む》け、見《み》たまま感《かん》じたままを自由《じゆう》にうたうのがよいと、短歌《たんか》でも「写生《しゃせい》」を主張《しゅちょう》しました。これにえいきょうを受《う》けた人々《ひとびと》が子規《しき》のもとに集《あつ》まり、子規庵《しきあん》では歌会《うたかい》も開《ひら》かれるようになります。次《つぎ》に子規《しき》は文章《ぶんしょう》でも改革《かいかく》を求《もと》め、写生文《しゃせいぶん》を推《お》し進《すす》めます。そして、弟子《でし》たちと写生文《しゃせいぶん》を発表《はっぴょう》し合《あ》う文章会《ぶんしょうかい》を始《はじ》め、気《き》に入《い》った文章《ぶんしょう》は「ホトトギス」にけいさいしました。この会《かい》は子規《しき》の死後《しご》も続《つづ》けられ、優《すぐ》れた小説《しょうせつ》やずい筆《ひつ》がいくつも生《う》まれました。

子規《しき》の新《あたら》しい俳句《はいく》

病気《びょうき》とのたたかいと子規《しき》の絵《え》

痛《いた》みや不自由《ふじゆう》さのなかで、絵《え》と俳句《はいく》が支《ささ》えに

月《つき》曇《くも》る観《かん》月《げつ》会《かい》の終《おわ》り哉《かな》

俳句《はいく》の意味《いみ》

（みんなで長《なが》い間《あいだ》、お月見《つきみ》を楽《たの》しんでいたら）月《つき》が雲《くも》におおわれてきた。そろそろ月見《つきみ》の会《かい》も終《お》わりだな。

季語《きご》

月《つき》（秋《あき》）

もっとくわしく

◆観《かん》月《げつ》会《かい》

上野《うえの》（東京都《とうきょうと》）の寺《てら》で、陸羯南《くがかつなん》が開《ひら》いた月見《つきみ》の会《かい》のことをよんだ俳句《はいく》。30さいの子規《しき》は歩《ある》くことが難《むずか》しかったので、厚着《あつぎ》をして人力車《じんりきしゃ》で向《む》かいました。そろそろ会《かい》も終《お》わりという時間《じかん》になって、月《つき》がふと曇《くも》ったことを俳句《はいく》によみました。目《め》いっぱい楽《たの》しんだ満足感《まんぞくかん》が伝《つた》わってきます。

◆写生《しゃせい》の俳句《はいく》のポイント

写生《しゃせい》の俳句《はいく》は、見《み》たもののうち何《なに》を俳句《はいく》にするかを通《とお》して、作者《さくしゃ》の気持《きも》ちや周囲《しゅうい》のようすが伝《つた》わるようにすると、味《あじ》わい深《ぶか》い俳句《はいく》になります。会《かい》の終《お》わりかけの「月《つき》」を切《き》り取《と》ったこの句《く》は、そのよい例《れい》です。

このころの子規《しき》

31さいの年《とし》、子規《しき》は東京《とうきょう》に移《うつ》った俳句雑誌《はいくざっし》「ホトトギス」の責任者《せきにんしゃ》となり、ますますいそがしくなります。写生文《しゃせいぶん》をいくつも書《か》いて「ホトトギス」にけいさいし、俳句《はいく》にも、短歌《たんか》にも夢中《むちゅう》になって取《と》り組《く》みますが、病気《びょうき》による痛《いた》みも増《ま》していきます。32さいになるころには、ほぼねたきりでした。

子規《しき》の絵《え》

31さいの5月《がつ》、子規《しき》は死《し》を覚《かく》ごしたことがありました。体調《たいちょう》が回復《かいふく》してからは、生《い》き物《もの》を飼《か》ったり、草花《くさばな》の絵《え》をえがいたり、茶道《さどう》にうちこんだりするようになります。何《なに》かに夢中《むちゅう》になることで、病気《びょうき》を忘《わす》れようとしたのかもしれません。子規《しき》は絵《え》でも「写生《しゃせい》」にこだわって植物《しょくぶつ》をまくら元《もと》に置《お》き、体《からだ》を起《お》こせないので、ねながらかいていました。

子規《しき》が34さいのときにえがいた草花《くさばな》の絵《え》。

樽柿《たるがき》を握《にぎ》るところを写生哉《しゃせいかな》

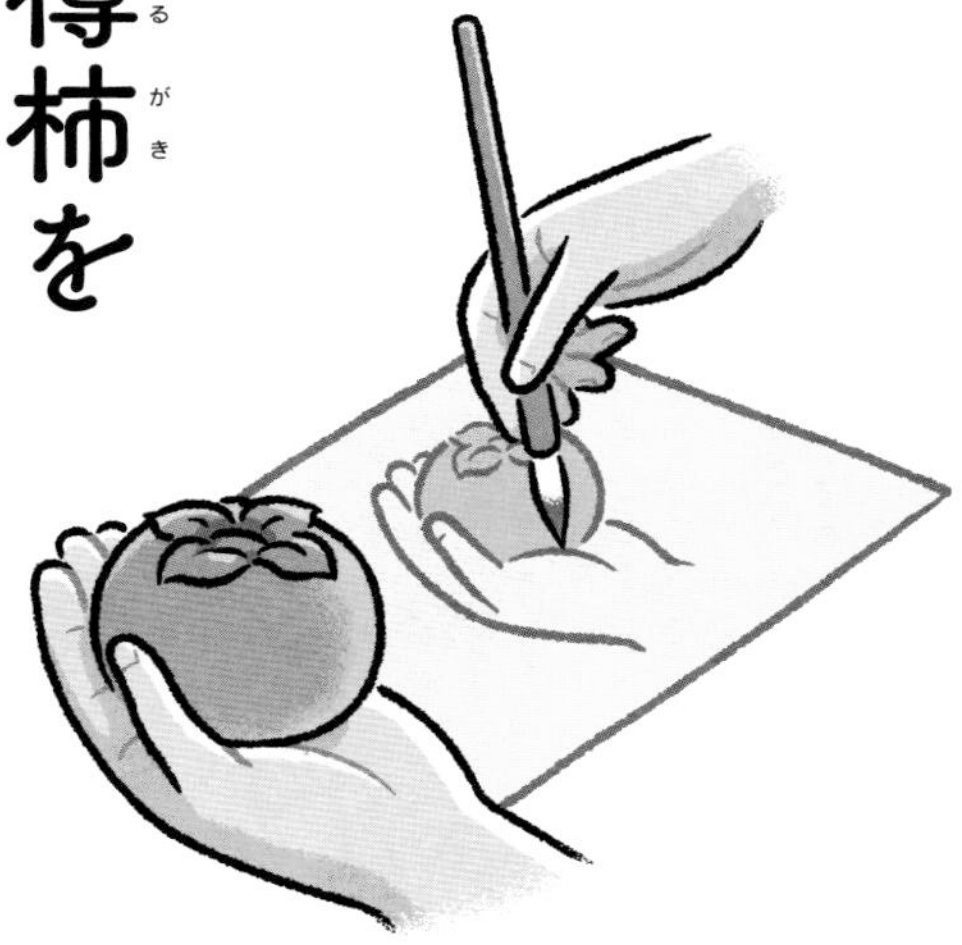

俳句《はいく》の意味《いみ》

樽柿《たるがき》をにぎった自分《じぶん》の手《て》を、自分《じぶん》でえがいたところだ。

季語《きご》

樽柿《たるがき》（秋《あき》）

もっとくわしく

◆樽柿《たるがき》

酒《さけ》が入《はい》っていたたるにシブガキを入《い》れておき、シブをぬいて食《た》べられるようにしたもの。どちらかといえば安物《やすもの》のカキです。夏目漱石《なつめそうせき》は小説《しょうせつ》『三四郎《さんしろう》』の中《なか》で、「子規《しき》は果物《くだもの》がたいへん好《す》きだった。かついくらでも食《く》える男《おとこ》だった。ある時大《ときおお》きな樽柿《たるがき》を十六《じゅうろく》食《く》ったことがある。」と書《か》いています。

風呂吹《ふろふき》の一《ひと》きれづつや四十人《しじゅうにん》

俳句《はいく》の意味《いみ》

（たくさん作《つく》ったつもりなのに）ふろふきのカブが、ひとりひと切《き》れずつになってしまった。（思《おも》いがけず）40人《にん》も集《あつ》まったので。

季語《きご》

風呂吹《ふろふき》（冬《ふゆ》）

もっとくわしく

◆風呂吹《ふろふき》

ダイコンやカブなどの野菜《やさい》をやわらかくにて、みそだれなどをつけて食《た》べる料理《りょうり》。

◆蕪村忌《ぶそんき》

子規《しき》は30さいから、毎年《まいとし》、12月《がつ》24日《か》に蕪村忌《ぶそんき》の会《かい》を開《かい》さいしていました。これは江戸時代《えどじだい》の俳人《はいじん》・与謝蕪村《よさぶそん》をしのぶ会《かい》。蕪村《ぶそん》にかけて「蕪《かぶ》」のふろふきを食《た》べ、記念写真《きねんしゃしん》をとりました。

鶏頭《けいとう》の十四五本《じゅうしごほん》もありぬべし

俳句《はいく》の意味《いみ》

庭《にわ》のケイトウは（どうなっているだろうか、）十四《じゅうし》、五本《ごほん》はあるだろうか、いやあるに決《き》まっている。

季語《きご》

鶏頭《けいとう》（秋《あき》）

もっとくわしく

◆ケイトウ

子規庵《しきあん》の庭《にわ》には、となりの家《いえ》からもらったケイトウも植《う》えられていました。「ありぬべし」とようすをうかがう表現《ひょうげん》からは、子《し》規《き》の病状《びょうじょう》が推測《すいそく》されます。

◆十四五本《じゅうしごほん》

実際《じっさい》に数《かぞ》えたわけではなく、だいたいの数《かず》ですが、それだけ増《ふ》えたはずだという確信《かくしん》があったのでしょう。実際《じっさい》にはケイトウを見《み》ておらず、写生《しゃせい》になっていないとされたためか、当初《とうしょ》はあまり評価《ひょうか》されなかったようです。のちに子規《しき》の弟子《でし》の歌人《かじん》（長塚《ながつか》節《たかし》や斎藤茂吉《さいとうもきち》など）が注目《ちゅうもく》して、有名《ゆうめい》になりました。

家《か》族《ぞく》や友《ゆう》人《じん》の支《ささ》えのなかで

多《おお》くの人《ひと》にしたわれ、支《ささ》えられた、人気者《にんきもの》の子規《しき》

凩《こがらし》や
燈炉《とうろ》にいもを
焼《や》く夜半《やはん》

俳句《はいく》の意味《いみ》

外《そと》では、こがらしがびゅうびゅうふきすさんでいる。かたや私《わたし》は夜中《よなか》にストーブでサツマイモを焼《や》いてもらい、家《いえ》でぬくぬくしている。

季語《きご》

凩《こがらし》（冬《ふゆ》）

もっとくわしく

◆燈炉《とうろ》

子規《しき》が石油《せきゆ》ストーブにつけた呼《よ》び名《な》。来客《らいきゃく》も帰《かえ》り、家族《かぞく》もそろそろねにかかる時間《じかん》に、痛《いた》みでねむれない子規《しき》が、ストーブでサツマイモを焼《や》いてもらうという句《く》です。このストーブは高浜虚子《たかはまきょし》たちからおくられたもので、翌年《よくねん》には弟子《でし》の伊藤左千夫《いとうさちお》から石炭《せきたん》ストーブがおくられました。

◆ガラス窓《まど》

同《おな》じ年《とし》、虚子《きょし》は子規《しき》にガラス窓《まど》もおくっています。室内《しつない》から外《そと》の景色《けしき》が見《み》え、日光浴《にっこうよく》もでき、すきま風《かぜ》も入《はい》らないことから、子規《しき》はとても喜《よろこ》んだようです。ガラス窓《まど》の俳句《はいく》や短歌《たんか》をいくつも作《つく》りました。

このころの子規《しき》

子規《しき》の周《まわ》りにはいつも、俳句仲間《はいくなかま》をはじめ多《おお》くの友人《ゆうじん》がいました。ほとんどねたきりになっても、句会《くかい》や歌会《うたかい》を続《つづ》け、自分《じぶん》が痛《いた》みに苦《くる》しんでうめいていても、そのかたわらで俳句《はいく》や短歌《たんか》の議論《ぎろん》をしているようにたのんだといいます。

子規《しき》が30さいのころの、子規庵《しきあん》の新年《しんねん》の句会《くかい》のようす。左上《ひだりうえ》に子規《しき》がえがかれています。

子規《しき》の妹《いもうと》・律《りつ》

最《もっと》も身近《みぢか》で子規《しき》を支《ささ》え続《つづ》けたのは、子規《しき》の母《はは》と、妹《いもうと》の律《りつ》です。子規《しき》は律《りつ》のことを「木《き》や石《いし》のような、強情《ごうじょう》で冷《つめ》たい女《おんな》だ」などと八《や》つ当《あ》たりすることも。でも実《じつ》のところ「律《りつ》がいなければ、家《いえ》のこともままならないし、私《わたし》も生《い》きていけないだろう」と、とてもたよりにしていました。

土筆《つくし》煮《に》て飯《めし》くふ夜《よる》の台所《だいどころ》

俳句《はいく》の意味《いみ》

近《ちか》くに生《は》えていたツクシをにて、夜《よる》の台所《だいどころ》で母《はは》と妹《いもうと》が、ひっそりとご飯《はん》を食《た》べている。

季語《きご》

土筆《つくし》（春《はる》）

もっとくわしく

◆質素《しっそ》な暮《く》らし

子規《しき》一家《いっか》の暮《く》らしは、あまり豊《ゆた》かではなかったといいます。病気《びょうき》の子規《しき》に栄養《えいよう》のあるものを食《た》べさせたあと、母《はは》と妹《いもうと》が台所《だいどころ》で質素《しっそ》な食事《しょくじ》をとるようすをよんだ俳句《はいく》。家族《かぞく》の暮《く》らしぶりをきちんと見《み》ている、子規《しき》の観察眼《かんさつがん》が光《ひか》っています。

◆土筆《つくし》

この俳句《はいく》よりあとのことですが、律《りつ》が河東碧梧桐《かわひがしへきごとう》の家族《かぞく》とツクシをつみにいったことがありました。話《はなし》を聞《き》いた子規《しき》は、ツクシほど食《た》べておいしく、つむのが楽《たの》しいものはないと言《い》って、ツクシの短歌《たんか》をいくつも作《つく》りました。

母《はは》と二人《ふたり》いもうとを待《ま》つ夜寒《よさむ》かな

俳句《はいく》の意味《いみ》

母《はは》と子規《しき》の2人《ふたり》で、妹《いもうと》の帰《かえ》りを待《ま》っている。そんな秋《あき》の夜《よる》は、寒《さむ》さがひときわ身《み》にしみるなあ。

季語《きご》

夜寒《よさむ》（秋《あき》）

もっとくわしく

◆妹《いもうと》の外出《がいしゅつ》

妹《いもうと》が、四谷《よつや》の親《しん》せきの家《いえ》を訪《たず》ねたときの俳句《はいく》。この句《く》ともう一句《いっく》、「いもうとの帰《かえ》り遅《おそ》さよ五日月《いつかづき》」を作《つく》って、子規《しき》は母《はは》とその帰《かえ》りを待《ま》ちました。家族《かぞく》3人《にん》が、助《たす》け合《あ》いながら暮《く》らしていたようすがよくわかります。ちなみに律《りつ》は、パイナップルのかんづめとそうめんをみやげにもらい、帰《かえ》ってきました。

紅梅《こうばい》の落花《らっか》をつまむ畳《たたみ》哉《かな》

俳句《はいく》の意味《いみ》

ぼんさいの赤《あか》いウメの花《はな》が散《ち》ってたたみの上《うえ》に落《お》ちたのを、そっとつまみ上《あ》げてみた。

季語《きご》

紅梅《こうばい》（春《はる》）

もっとくわしく

◆紅梅《こうばい》

この俳句《はいく》によまれているコウバイは、伊藤左千夫《いとうさちお》からもらったぼんさいでした。コウバイの根元《ねもと》にはツクシなどが植《う》えられていたということです。

子規《しき》の新《あたら》しい俳句《はいく》

最期《さいご》の日々《ひび》

死《し》を予感《よかん》しながら、ぎりぎりまで俳句《はいく》にはげむ

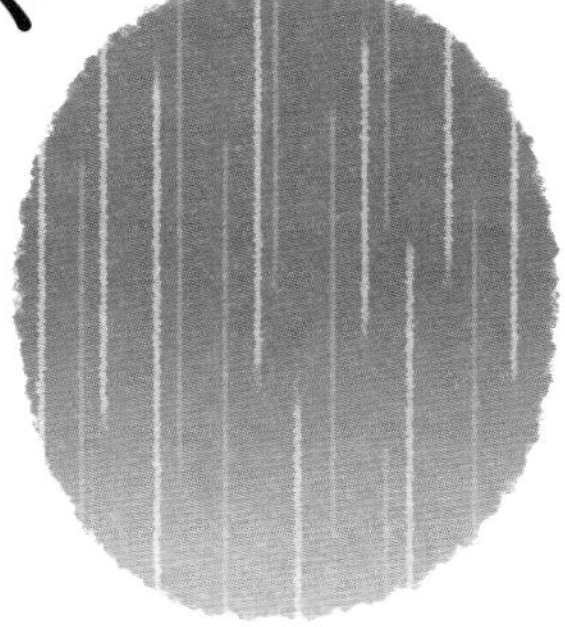

五月雨《さみだれ》や上野《うえの》の山《やま》も見《み》あきたり

俳句《はいく》の意味《いみ》

五月雨《さみだれ》（5月《がつ》の長雨《ながあめ》、梅雨《つゆ》）が降《ふ》り続《つづ》く中《なか》、雨《あめ》にけぶる上野《うえの》の山《やま》のながめ。でもそれも、もう見《み》あきてしまったなあ。

季語《きご》

五月雨《さみだれ》（夏《なつ》）

もっとくわしく

◆**上野《うえの》の山《やま》**

現在《げんざい》の東京都台東区《とうきょうとたいとうく》の上《うえ》野駅周辺《のえきしゅうへん》の、台地《だいち》になっている地域《ちいき》。子規庵《しきあん》がある根岸《ねぎし》は、ちょうどその台地《だいち》のすその辺《あた》りです。

◆**ねたきりの子規《しき》**

33さい、ねたきりの子規《しき》が見《み》られる景色《けしき》は、子規《しき》庵《あん》の窓《まど》からのながめだけ。そんな子規《しき》にとって、雨《あめ》が降《ふ》り続《つづ》き同《おな》じ景色《けしき》しか見《み》られないのは、ゆううつな気分《きぶん》だったことでしょう。

柿《かき》くふも今年《ことし》ばかりと思《おも》ひけり

俳句《はいく》の意味《いみ》

（好物《こうぶつ》の）カキを食《た》べているが、それも、今年《ことし》が最後《さいご》だろうと思《おも》っている（来年《らいねん》まで、生《い》きてはいないだろう）。

季語《きご》

柿《かき》（秋《あき》）

もっとくわしく

◆**予感《よかん》**

死《し》を予感《よかん》したかのような俳句《はいく》です。実際《じっさい》、この句《く》を作《つく》った翌年《よくねん》、カキが出回《でまわ》る直前《ちょくぜん》に、子規《しき》は亡《な》くなりました。死《し》の予感《よかん》の中《なか》でも、俳句《はいく》にかける情熱《じょうねつ》を失《うしな》っていないことがうかがえます。

このころの子規《しき》

子規《しき》が32さいの9月《がつ》、親友《しんゆう》の夏目漱《なつめそう》石《せき》がイギリス留学《りゅうがく》に旅立《たびだ》ちます。このころから病気《びょうき》はさらに悪化《あっか》。それでも句会《くかい》や新聞《しんぶん》の連《れん》さいなどを続《つづ》け、筆《ふで》が持《も》てなくなっても、子規《しき》が話《はな》す言葉《ことば》を弟子《でし》が書《か》き取《と》り、原《げん》こうにしました。34さいの9月《がつ》に亡《な》くなる直《ちょく》前《ぜん》まで、連《れん》さいは続《つづ》けられました。

その後《ご》の雑誌《ざっし》「ホトトギス」

子規《しき》の死後《しご》、「ホトトギス」は高浜虚《たかはまきょ》子《し》が引《ひ》きつぎました。1905年《ねん》、虚《きょ》子《し》のすすめで、夏目漱石《なつめそうせき》が文章会《ぶんしょうかい》で発表《はっぴょう》した『吾輩《わがはい》は猫《ねこ》である』をけいさいすると大人気《だいにんき》に。子規《しき》や虚子《きょし》の考《かんが》えを受《う》けついで、現在《げんざい》も刊行《かんこう》されています。

子規《しき》が中心《ちゅうしん》になって初《はじ》めて発行《はっこう》した「ホトトギス」。

夏目漱石《なつめそうせき》の『坊《ぼっ》ちゃん』がけいさいされた号《ごう》。

糸瓜《へちま》咲《さい》て
痰《たん》のつまりし
仏《ほとけ》かな

痰一斗《たんいっと》
糸瓜《へちま》の水《みず》も
間《ま》にあはず

を《お》ととひ《い》の
へちまの水《みず》も
取《と》らざりき

俳句《はいく》の意味《いみ》

ヘチマの花《はな》がさくなか、たんがつまって息《いき》のできない私《わたし》は、もう仏《ほとけ》(死者《ししゃ》)同然《どうぜん》になってしまった。

たんが一斗《いっと》も出《で》る。これでは、たんに効《き》くというヘチマ水《すい》くらいでは、とうてい間《ま》に合《あ》わない。

おとといはヘチマ水《すい》を(採《と》るのによいとされる十五夜《じゅうごや》なのに)結局《けっきょく》採《と》らずじまいだ(採《と》っておけばよかったなあ)。

季語《きご》

糸瓜《へちま》(秋《あき》)

もっとくわしく

◆ヘチマ

たんを切《き》る効果《こうか》があるとされたため、子規庵《しきあん》の庭《にわ》にはヘチマが植《う》えられ、ヘチマ水《すい》を採《と》っていました。十五夜《じゅうごや》の夜《よる》に採《と》ったヘチマ水《すい》は、特《とく》に効果《こうか》があるとされていました。

◆一斗《いっと》

約《やく》18ℓ《リットル》。たんが次《つぎ》から次《つぎ》へと出《で》てくるようすを大《おお》げさに表現《ひょうげん》したもの。

◆死《し》を見《み》つめる

死《し》を覚《かく》ごし、自分《じぶん》のことを「仏《ほとけ》」と言《い》いながらも、ヘチマ水《すい》を採《と》っておけばよかったと、生《い》きることへの意欲《いよく》も見《み》せています。また「痰一斗《たんいっと》」と大《おお》げさに書《か》き、こんなにたんが出《で》たらヘチマ水《すい》ではとうてい間《ま》に合《あ》わないとユーモアも忘《わす》れていません。これらの句《く》を紙《かみ》に記《しる》して自分《じぶん》の気持《きも》ちを落《お》ち着《つ》けようとしていたのか、自分《じぶん》の死《し》を見《み》つめる客観的《きゃっかんてき》な視線《しせん》が感《かん》じられます。

◆最期《さいご》の三句《さんく》

9月《がつ》19日《にち》、子規《しき》は亡《な》くなりました。その前日《ぜんじつ》、妹《いもうと》の律《りつ》と河東碧梧桐《かわひがしへきごとう》が見守《みまも》る中《なか》で、画板《がばん》にはった紙《かみ》にあお向《む》けのまま書《か》いた三句《さんく》。書《か》き終《お》えると子規《しき》は、筆《ふで》を投《な》げ出《だ》したといいます。

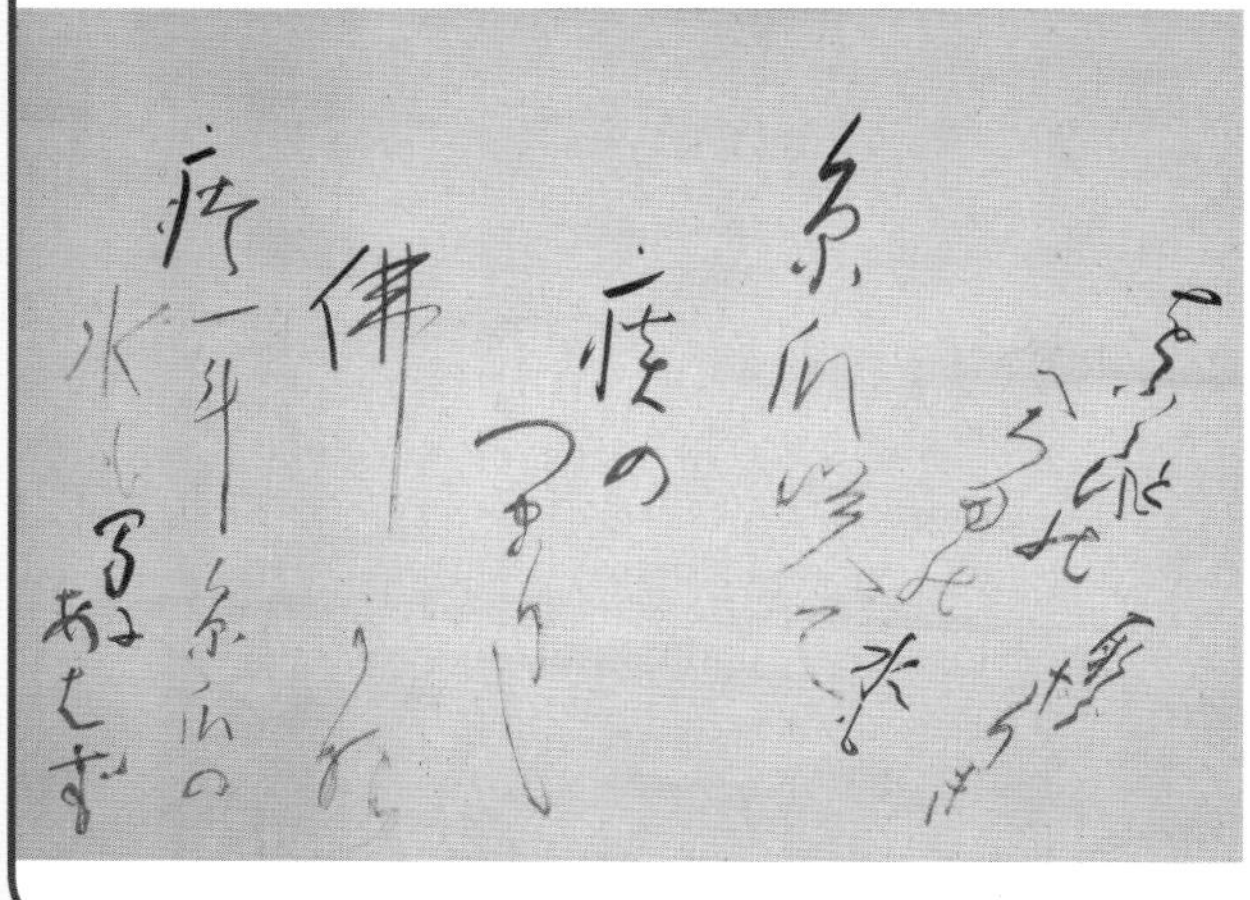

子《し》規《き》の新《あたら》しい俳《はい》句《く》

弟《で》子《し》・高《たか》浜《はま》虚《きょ》子《し》

子《し》規《き》の考《かんが》えを受《う》けつぎ、自《し》然《ぜん》を美《うつく》しい俳《はい》句《く》にする

虹《にじ》立《た》ちて忽《たちま》ち君《きみ》の在《あ》る如《ごと》し

俳《はい》句《く》の意《い》味《み》

虹《にじ》が空《そら》にかかると、すぐさま（君《きみ》の言《こと》葉《ば》が思《おも》い出《だ》されて、）君《きみ》が目《め》の前《まえ》にいるように感《かん》じる。

季《き》語《ご》

虹《にじ》（夏《なつ》）

もっとくわしく

◆**君《きみ》**

君《きみ》とは、虚《きょ》子《し》の弟《で》子《し》の森《もり》田《た》愛《あい》子《こ》のこと。愛《あい》子《こ》は虚《きょ》子《し》の小《しょう》説《せつ》『虹《にじ》』の主《しゅ》人《じん》公《こう》でもあり、小《しょう》説《せつ》や句《く》日《にっ》記《き》には、「あの虹《にじ》の橋《はし》を渡《わた》って、鎌《かま》倉《くら》に行《い》くことにしましょう」（鎌《かま》倉《くら》には、虚《きょ》子《し》の家《いえ》があった）という愛《あい》子《こ》の言《こと》葉《ば》が記《しる》されています。この俳《はい》句《く》を作《つく》ったとき、虚《きょ》子《し》は小《こ》諸《もろ》（長《なが》野《の》県《けん》）にそかいしており、愛《あい》子《こ》は故《ふる》郷《さと》の三《み》国《くに》（福《ふく》井《い》県《けん》）にいました。

金《こ》亀《がね》子《むし》擲《なげう》つ闇《やみ》の深《ふか》さかな

俳《はい》句《く》の意《い》味《み》

（室《しつ》内《ない》に迷《まよ》いこんだ）コガネムシをつかまえて放《ほう》り出《だ》した窓《まど》の外《そと》には、黒《くろ》々《ぐろ》とした、底《そこ》知《し》れぬやみが広《ひろ》がっていた。

季《き》語《ご》

金《こ》亀《がね》子《むし》（夏《なつ》）

もっとくわしく

◆**こわいほどのやみ**

「擲《なげう》つ」という強《つよ》い言《こと》葉《ば》の効《こう》果《か》もあって、投《な》げられたコガネムシがやみの中《なか》にしずんでいくようにも感《かん》じられ、うっすらとしたこわさも伝《つた》わってきます。窓《まど》の外《そと》に広《ひろ》がる、黒《くろ》々《ぐろ》としたやみをえがいた句《く》です。

去年今年《こぞことし》 貫《つらぬ》く棒《ぼう》の 如《ごと》きもの

俳句《はいく》の意味《いみ》

去年《きょねん》が過《す》ぎて新《あたら》しい年《とし》が来《き》ても、変《か》わらずつらぬき通《とお》す、棒《ぼう》のようなまっすぐで強《つよ》い意志《いし》が私《わたし》にはある。

季語《きご》

去年今年《こぞことし》（春《はる》）

もっとくわしく

◆**棒《ぼう》**

この句《く》で特《とく》に存在感《そんざいかん》を放《はな》つ「棒《ぼう》」には、さまざまな解《かい》しゃくがあります。自分《じぶん》の意志《いし》、俳句《はいく》に対《たい》する考《かんが》え、また広大《こうだい》な空間《くうかん》をつらぬく時間《じかん》そのもののこと、などの説《せつ》があります。

◆**川端康成《かわばたやすなり》**

小説家《しょうせつか》の川端康成《かわばたやすなり》が、この句《く》を見《み》て、「背骨《せぼね》を電流《でんりゅう》が流《なが》れたようなしょうげきを受《う》けた」「虚子《きょし》の句《く》で、この一句《いっく》ほどおそろしい句《く》はない」などと書《か》いています。

春風《はるかぜ》や 闘志《とうし》いだきて 丘《おか》に立《た》つ

俳句《はいく》の意味《いみ》

春風《はるかぜ》がふく中《なか》、私《わたし》は将来《しょうらい》を見《み》すえて、闘志《とうし》をみなぎらせ、おかの上《うえ》に立《た》っている。

季語《きご》

春風《はるかぜ》（春《はる》）

もっとくわしく

◆闘志《とうし》

虚子《きょし》が闘志《とうし》を燃《も》やした相手《あいて》は、同《おな》じ子規《しき》の弟子《でし》だった河東碧梧桐《かわひがしへきごとう》です。新《あたら》しい俳句運《はいくうん》動《どう》を広《ひろ》めていた碧梧桐《へきごとう》に対《たい》し、虚子《きょし》は子規以来《しきいらい》の伝統的《でんとうてき》な形式《けいしき》や季語《きご》を守《まも》り、自然《しぜん》や暮《く》らしをよむことを大切《たいせつ》にしました。新聞《しんぶん》に発表《はっぴょう》されたこの句《く》は、子規以来《しきいらい》の伝統《でんとう》を守《まも》るという、決意表明《けついひょうめい》でもあります。

遠山《とおやま》に 日《ひ》の当《あ》たりたる 枯野《かれの》かな

俳句《はいく》の意味《いみ》

遠《とお》くの山《やま》は、冬《ふゆ》の日《ひ》が当《あ》たって明《あか》るい。その前面《ぜんめん》には（ありありと）ものさびしいかれ野《の》が広《ひろ》がっている。

季語《きご》

枯野《かれの》（冬《ふゆ》）

もっとくわしく

◆**「何《なに》か頼《たよ》りになるもの」**

虚子《きょし》はこの句《く》について、故郷《こきょう》の松山《まつやま》で、道後温泉《どうごおんせん》のある山《やま》を見《み》た時《とき》に、日《ひ》の当《あ》たっているところに「何《なに》か頼《たよ》りになるものがあった。それがあの句《く》だ」と語《かた》っています。単《たん》なる景色《けしき》の句《く》と読《よ》むか、その裏《うら》に人生《じんせい》を読《よ》みとるかは、読者《どくしゃ》に任《まか》されています。

高浜虚子《たかはまきょし》ってどんな人《ひと》？

子規《しき》が最《もっと》もたよりにした弟子《でし》のひとり。子規《しき》の死後《しご》は、俳句雑誌《はいくざっし》「ホトトギス」を引《ひ》きつぎました。子規《しき》の「写生《しゃせい》」や伝統的《でんとうてき》な俳句《はいく》の形式《けいしき》を大切《たいせつ》にし、季節《きせつ》によって変化《へんか》する自然《しぜん》や暮《く》らしを俳句《はいく》によむことをすすめ、それを「花鳥諷詠《かちょうふうえい》」とよびました。

子規《しき》の新《あたら》しい俳句《はいく》

弟子《で》・河東碧梧桐《かわひがしへきごとう》

虚子《きょし》とともに子規《しき》を支《ささ》え、のちに独自《どくじ》の俳句《はいく》へ

赤《あか》い椿《つばき》
白《しろ》い椿《つばき》と
落《お》ちにけり

俳句《はいく》の意味《いみ》

赤《あか》いツバキと白《しろ》いツバキが、地面《じめん》に落《お》ちている。

季語《きご》

椿《つばき》（春《はる》）

もっとくわしく

◆ツバキの花《はな》

ツバキは、花《はな》は散《ち》る際《さい》に花《はな》が丸《まる》ごと落《お》ちる種類《しゅるい》がほとんど。この句《く》によまれた風景《ふうけい》も、花《はな》びらが一枚《いちまい》二枚《にまい》と散《ち》っているのではなく、花《はな》が一輪《いちりん》そのまま落《お》ちていることが想像《そうぞう》されます。

◆子規《しき》の評価《ひょうか》

碧梧桐《へきごとう》が24さいのときの俳句《はいく》。正岡《まさおか》子規《しき》が「明治《めいじ》二十九年《にじゅうくねん》の俳句界《はいくかい》」という文章《ぶんしょう》の中《なか》で、明治《めいじ》の新《あたら》しい俳句《はいく》の中《なか》でも特《とく》に印象的《いんしょうてき》なものとして、積極的《せっきょくてき》に評価《ひょうか》した句《く》です。

からまつは
淋《さび》しき木《き》なり
赤蜻蛉《あかとんぼ》

俳句《はいく》の意味《いみ》

（秋《あき》になり葉《は》をからして落《お》とし始《はじ》めた）カラマツは、実《じつ》にさびしげな木《き》だ。近《ちか》くを赤《あか》トンボが飛《と》んでいる。

季語《きご》

赤蜻蛉《あかとんぼ》（秋《あき》）

もっとくわしく

◆カラマツ

カラマツは針葉樹《しんようじゅ》ですが、秋《あき》になると葉《は》が茶色《ちゃいろ》くなり、冬《ふゆ》には落《お》ちてしまいます。ここでよまれている情景《じょうけい》も、カラマツが落葉《らくよう》し始《はじ》めたところで、それを「淋《さび》しき木《き》なり」と断定《だんてい》するとは、大《だい》たんな表現《ひょうげん》です。

河東碧梧桐《かわひがしへきごとう》ってどんな人《ひと》？

松山《まつやま》の生《う》まれで、友人《ゆうじん》の高浜虚子《たかはまきょし》とともに、子規《しき》の活動《かつどう》を支《ささ》えました。子規《しき》の死後《しご》は、子規《しき》が担当《たんとう》していた新聞《しんぶん》の俳句《はいく》らんを引《ひ》きつぎます。のちに、季語《きご》や5・7・5の形《かたち》にとらわれずに、自分《じぶん》が感《かん》じたことをよむことを主張《しゅちょう》し、新《あたら》しい俳句《はいく》に挑戦《ちょうせん》しました。

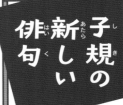

空《くう》をはさむ蟹《かに》死《し》にを《お》るや雲《くも》の峰《みね》

俳句《はいく》の意味《いみ》

はま辺《べ》ではハサミをかかげて、空中《くうちゅう》をはさむような格好《かっこう》で、カニが死《し》んでいる。カニのハサミの上《うえ》では、空《そら》に入道雲《にゅうどうぐも》がわき上《あ》がっている。

季語《きご》

雲《くも》の峰《みね》（夏《なつ》）

もっとくわしく

◆ざん新《しん》な表現《ひょうげん》

近《ちか》くの地面《じめん》に横《よこ》たわるカニと、遠《とお》く空《そら》の上《うえ》にわき上《あ》がる雲《くも》との組《く》み合《あ》わせに意外性《いがいせい》があります。「空《くう》をはさむ」という表現《ひょうげん》は、ざん新《しん》で強《つよ》い印象《いんしょう》を残《のこ》します。

思《おも》はず《わ》もヒヨコ生《う》まれぬ冬薔薇《ふゆそうび》

俳句《はいく》の意味《いみ》

（この卵《たまご》はもうダメかと思《おも》っていたら）思《おも》いもかけず、卵《たまご》からヒヨコがかえったよ。そばには冬《ふゆ》のバラがさいている。

季語《きご》

冬薔薇《ふゆそうび》（冬《ふゆ》）

もっとくわしく

◆無関係《むかんけい》の取《と》り合《あ》わせ

卵《たまご》からヒヨコが生《う》まれたことと、バラとの間《あいだ》には何《なん》の関係《かんけい》もありません。意外《いがい》な組《く》み合《あ》わせで、けれど明《あか》るい印象《いんしょう》をあたえます。当時《とうじ》はこの無関係《むかんけい》なものの組《く》み合《あ》わせが、新《あたら》しいとされました。碧梧桐《へきごとう》は新《あたら》しさをさらにつきつめて、自由律俳句《じゆうりつはいく》へと向《む》かいます。

正月《しょうがつ》の日記《にっき》どうしても五行《ごぎょう》で足《たり》るのであつて

俳句《はいく》の意味《いみ》

正月《しょうがつ》は（毎年同《まいとしおな》じことのくり返《かえ》しだから）、日記《にっき》も（書《か》くことがなくて）5行《ぎょう》で足《た》りてしまうのだがなあ。

季語《きご》

正月《しょうがつ》（春《はる》）

もっとくわしく

◆自由律《じゆうりつ》

5・7・5の形《かたち》やそれまでの季語《きご》のイメージにとらわれない、自由律俳句《じゆうりつはいく》（34ページ）です。自由《じゆう》律俳句《りつはいく》はその後《ご》、碧梧桐《へきごとう》の弟子《でし》の荻原井泉水《おぎわらせいせんすい》へ、さらにその弟子《でし》の種田山頭火《たねださんとうか》、尾崎放哉《おざきほうさい》などへと受《う》けつがれていきました。

正岡《まさおか》子規《しき》と

コラム

子規《しき》と漱石《そうせき》の出会《であ》い

第一高等中学校《だいいちこうとうちゅうがっこう》に通《かよ》っていた21～22さいのころ、子規《しき》は漱石《そうせき》と出会《であ》います。二人《ふたり》は同《おな》じ年《とし》の生《う》まれでした。

漱石《そうせき》によれば、子規《しき》は友《とも》だちを選《えら》ぶところがあり、興味《きょうみ》のない人《ひと》には見向《みむ》きもしない性格《せいかく》。しかし二人《ふたり》とも落語《らくご》が大好《だいす》きで、落語《らくご》を通《とお》して、仲《なか》が深《ふか》まりました。また、たがいの実力《じつりょく》を認《みと》め合《あ》った間《あいだ》がらでもありました。子規《しき》は漱石《そうせき》の英語《えいご》や漢《かん》詩《し》など、文学的《ぶんがくてき》な才能《さいのう》に感心《かんしん》し、「君《きみ》は千万人中《せんまんにんちゅう》の一人《ひとり》なり」とほめ、漱石《そうせき》はのちに子規《しき》のことを「自分《じぶん》で道《みち》をひらいていく人《ひと》」と書《か》いています。

それぞれの道《みち》へ

子規《しき》と漱石《そうせき》の友情《ゆうじょう》は、二人《ふたり》が東京帝国大学《とうきょうていこくだいがく》に進学《しんがく》してからも続《つづ》き、いっしょに寄席《よせ》に行《い》ったり、散歩《さんぽ》したり、旅行《りょこう》に行《い》くこともありました。しかし子規《しき》は大学《だいがく》を中退《ちゅうたい》して、25さいで新聞社《しんぶんしゃ》に入社《にゅうしゃ》。漱石《そうせき》は同《おな》じ年《とし》に大学《だいがく》を卒業《そつぎょう》して、英語《えいご》の先生《せんせい》になります。こうして二人《ふたり》の進路《しんろ》は別《わか》れましたが、友人《ゆうじん》として、また漱石《そうせき》が子規《しき》に俳句《はいく》を教《おそ》わるという形《かたち》での交流《こうりゅう》は続《つづ》きました。

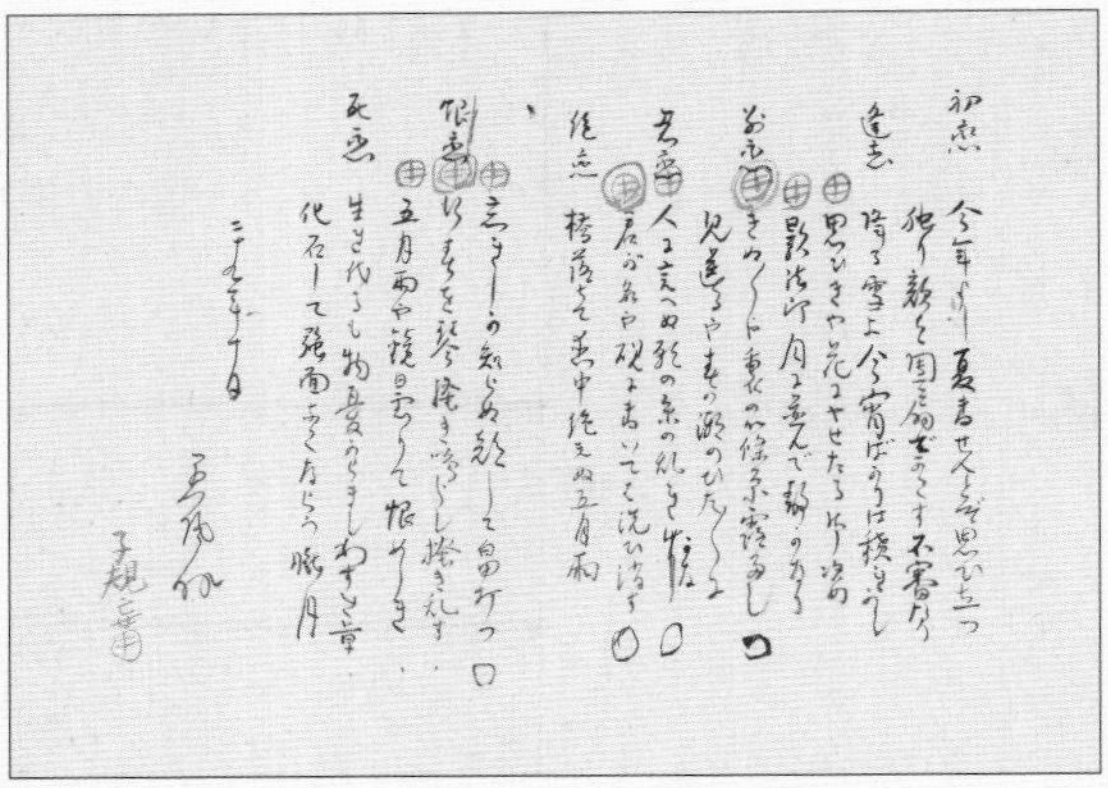

29さいごろ、漱石《そうせき》が東京《とうきょう》にいる子規《しき》に俳句《はいく》を書《か》いて送《おく》り、それを子規《しき》がてんさくしたもの。

子規《しき》の松山《まつやま》たい在《ざい》

27さいのとき、子規《しき》は日清戦争《にっしんせんそう》の取材《しゅざい》に行《い》き、その帰《かえ》りに体調《たいちょう》をくずします。神戸《こうべ》で入院生活《にゅういんせいかつ》を送《おく》ったあと、漱石《そうせき》の下宿《げしゅく》に居候《いそうろう》しました。漱石《そうせき》は子規《しき》の故郷《ふるさと》・松山《まつやま》で教師《きょうし》をしていたので、子規《しき》を招《まね》いたのです。

子規《しき》がたい在《ざい》する漱石《そうせき》の下宿《げしゅく》には、松山《まつやま》の俳句《はいく》好《ず》きが集《あつ》まります。盛《さか》んに句会《くかい》が開《ひら》かれ、つられるように漱石《そうせき》も熱心《ねっしん》に俳句《はいく》を作《つく》りました。高浜虚子《たかはまきょし》によれば、このころ子規《しき》はよくウナギを食《た》べ、東京《とうきょう》へもどる際《さい》に漱石《そうせき》に「あとは（代金《だいきん》は）よろしく」と言《い》って出発《しゅっぱつ》したそうです。

夏目《なつめ》漱石《そうせき》

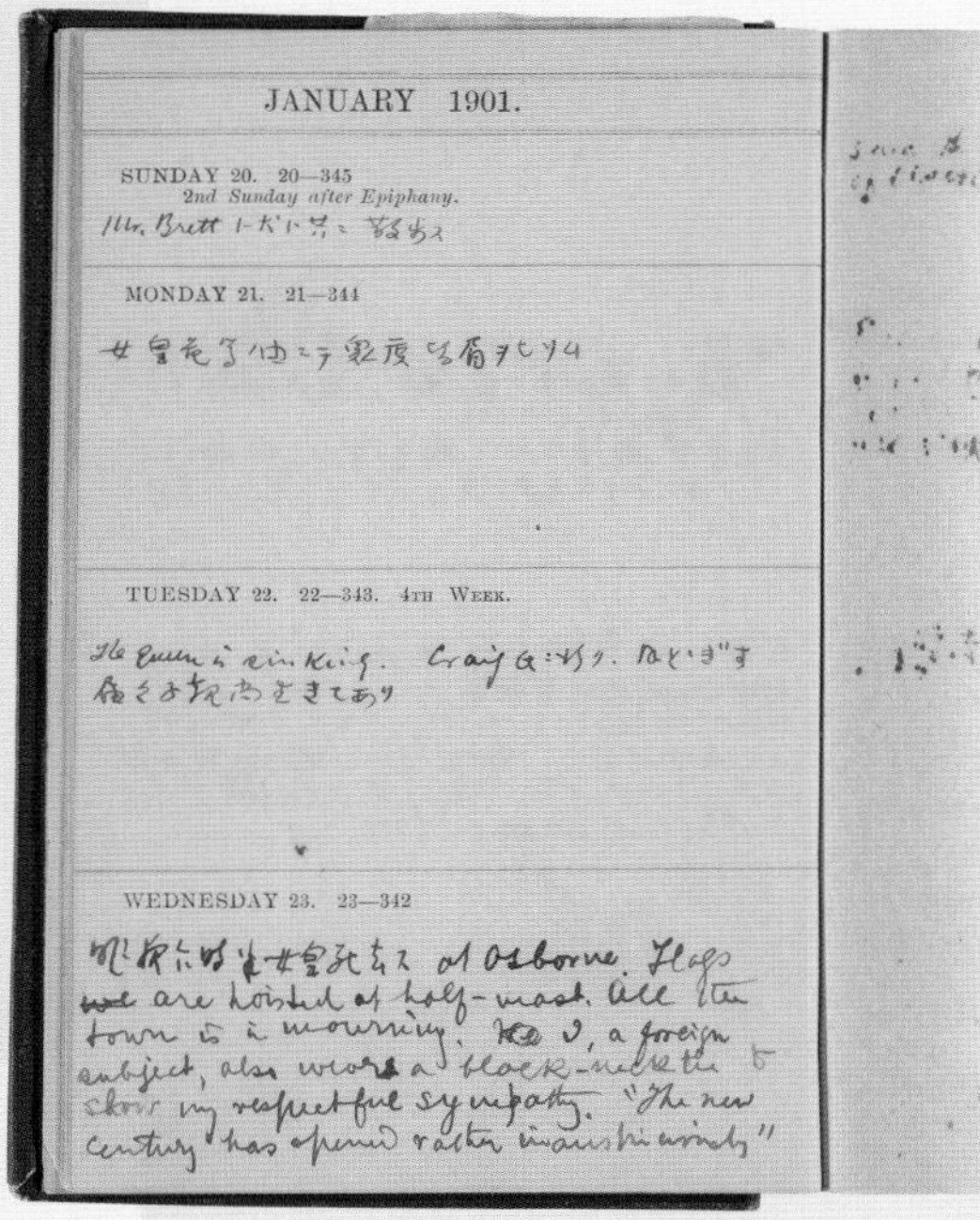

漱石《そうせき》が留学中《りゅうがくちゅう》に使《つか》っていた手帳《てちょう》。「ほととぎす届《とど》く。子規尚生《しきなおい》きてあり」という書《か》きこみがあります。

漱石《そうせき》のイギリス留学《りゅうがく》

東京《とうきょう》へもどった子規《しき》は、病《やまい》とたたかいながら俳句《はいく》の革新《かくしん》を進《すす》めます。漱石《そうせき》はその後《ご》、熊本《くまもと》の高校《こうこう》にふにんしたのち、33さいでイギリス留学《りゅうがく》へ。出発前《しゅっぱつまえ》、漱石《そうせき》は子規《しき》に会《あ》いに来《き》ますが、これが、二人《ふたり》が直接会《ちょくせつあ》った最後《さいご》の機会《きかい》となりました。子《し》規《き》は、漱石《そうせき》からの手紙《てがみ》を楽《たの》しみにしていて、「ホトトギス」にもけいさいしました。また漱石《そうせき》へ送《おく》った手紙《てがみ》の中《なか》では、「僕《ぼく》ハモーダメニナッテシマッタ」「実《じつ》ハ僕《ぼく》ハ生《い》キテヰ《い》ルノガ苦《くる》シイノダ」と、なやみや苦《くる》しみを打《う》ち明《あ》けたこともあります。

子規《しき》の死《し》

自分《じぶん》の死《し》を予感《よかん》していたのか、子規《しき》は漱石《そうせき》に、自分《じぶん》が生《い》きている間《あいだ》にもう1通《つう》だけ手紙《てがみ》を書《か》いて欲《ほ》しいとたのみます。しかし漱石《そうせき》は留学先《りゅうがくさき》で神経《しんけい》すい弱《じゃく》（うつ病《びょう》などの精神《せいしん》の病《やまい》）に苦《くる》しみ、なかなか手紙《てがみ》を書《か》くことができませんでした。1年後《ねんご》、いよいよ漱石《そうせき》が帰国《きこく》するというとき、虚子《きょし》から子規《しき》が亡《な》くなったという手《て》紙《がみ》が届《とど》きます。子規《しき》の死《し》を知《し》って、漱石《そうせき》は「筒袖《つつそで》や秋《あき》の柩《ひつぎ》にしたがはず（スーツ姿《すがた》の私《わたし》は、子規《しき》の棺《ひつぎ》についていくことができない）」などの俳句《はいく》を作《つく》りました。

帰国後《きこくご》の漱石《そうせき》

帰国《きこく》の2年後《ねんご》、漱石《そうせき》は『吾輩《わがはい》は猫《ねこ》である』を「ホトトギス」に連《れん》さい。作中《さくちゅう》に見《み》られるユーモアは、子規《しき》と楽《たの》しんだ落語《らくご》のえいきょうといわれます。また、連《れん》さいをまとめた『吾輩《わがはい》は猫《ねこ》である』の序文《じょぶん》には、子規《しき》の思《おも》い出《で》とともに、「往日《おうじつ》の気《き》の毒《どく》を五年後《ごねんご》の今日《きょう》に晴《はら》さう（昔《むかし》の気《き》の毒《どく》なできごとを、5年後《ねんご》の今日《きょう》解消《かいしょう》しよう）」と書《か》いています。『吾輩《わがはい》は猫《ねこ》である』は、漱石《そうせき》から亡《な》き子規《しき》への便《たよ》りだったのかもしれません。

近《きん》代《だい》の秀《しゅう》句《く》 1

春《はる》・夏《なつ》の俳《はい》句《く》

ゆさゆさと大枝《おおえだ》ゆるる桜《さくら》かな

作《さく》者《しゃ》

村《むら》上《かみ》鬼《き》城《じょう》

高《たか》浜《はま》虚《きょ》子《し》の弟《で》子《し》。自《じ》分《ぶん》の人《じん》生《せい》に根《ね》差《ざ》した俳《はい》句《く》が持《も》ち味《あじ》で、「ホトトギス」で活《かつ》やくしました。

俳《はい》句《く》の意《い》味《み》

満《まん》開《かい》の花《はな》をつけたサクラの大《おお》きな枝《えだ》が、(風《かぜ》にふかれて)ゆさゆさとゆれている(それでも花《はな》は散《ち》らずにさいている)。

季《き》語《ご》

桜《さくら》(春《はる》)

もっとくわしく

◆**散《さん》歩《ぽ》**

高《たか》崎《さき》公《こう》園《えん》(群《ぐん》馬《ま》県《けん》)を散《さん》歩《ぽ》していたときの俳《はい》句《く》です。鬼《き》城《じょう》の写《しゃ》生《せい》の方《ほう》法《ほう》である「じっと見《み》つめ、聞《き》き入《い》る」が、生《い》かされています。

のどかさに寝《ね》てしまひ《い》けり草《くさ》の上《うえ》

俳《はい》句《く》の意《い》味《み》

あまりにのどかなので、草《くさ》の上《うえ》でねむってしまった。

季《き》語《ご》

のどかさ(春《はる》)

作《さく》者《しゃ》

松《まつ》根《ね》東《とう》洋《よう》城《じょう》

夏《なつ》目《め》漱《そう》石《せき》の弟《で》子《し》でしたが、正《まさ》岡《おか》子《し》規《き》にえいきょうを受《う》けて、「ホトトギス」に参《さん》加《か》。松《まつ》尾《お》芭《ば》蕉《しょう》の精《せい》神《しん》に帰《かえ》ることを主《しゅ》張《ちょう》しました。

もっとくわしく

◆**のどか**

「のどか」のひとことで、春《はる》の状《じょう》況《きょう》から作《さく》者《しゃ》の気《き》分《ぶん》まで言《い》いつくしたよう。東《とう》洋《よう》城《じょう》が23さいのときの俳《はい》句《く》で、さわやかさやみずみずしいふんいきもあります。

七夕《たなばた》や 心《こころ》もとなき 朝《あさ》ぐもり

俳句《はいく》の意味《いみ》

今日《きょう》は年《ねん》に一度《いちど》の七夕《たなばた》なのに、朝《あさ》から空《そら》がぼんやりと曇《くも》っていて、なんとももどかしいわ。

季語《きご》

七夕《たなばた》（秋《あき》）

作者《さくしゃ》

高橋淡路女《たかはしあわじじょ》

夫《おっと》を病気《びょうき》で亡《な》くしたのち、本格的《ほんかくてき》に俳句《はいく》を始《はじ》め、「ホトトギス」などで活《かつ》やく。大正時代《たいしょうじだい》を代表《だいひょう》する女《じょ》性俳人《せいはいじん》のひとりです。

もっとくわしく

◆**心《こころ》もとなき**

じれったい、待《ま》ち遠《どお》しい、たよりない、などの意味《いみ》。

◆**朝《あさ》ぐもり**

朝《あさ》、空《そら》が曇《くも》っていること。または、暑《あつ》くなる日《ひ》の朝《あさ》にもやが出《で》て、空《そら》が曇《くも》ったように見《み》えること。

短夜《みじかよ》や あすの教科書《きょうかしょ》 揃《そろ》へ寝《ね》る

俳句《はいく》の意味《いみ》

夏《なつ》の夜《よる》はあっという間《ま》に明《あ》ける。明日《あす》使《つか》う教《きょう》科書《かしょ》をそろえて、もうねるとしよう。

季語《きご》

短夜《みじかよ》（夏《なつ》）

作者《さくしゃ》

日野草城《ひのそうじょう》

高浜虚子《たかはまきょし》の弟子《でし》で、「ホトトギス」に参加《さんか》。さわやかで軽《かろ》やかな作風《さくふう》の俳句《はいく》で活《かつ》やくし、無季《むき》の俳句《はいく》などにも取《と》り組《く》みました。

もっとくわしく

◆**短夜《みじかよ》**

夜明《よあ》けが早《はや》く夜《よる》の時間《じかん》が短《みじか》いことから、夏《なつ》の夜《よる》のことをいう。

暗《くら》く暑《あつ》く 大群集《だいぐんしゅう》と 花火《はなび》待《ま》つ

俳句《はいく》の意味《いみ》

暗《くら》くて暑《あつ》い中《なか》、混雑《こんざつ》する人々《ひとびと》と、今《いま》か今《いま》かと花火《はなび》が打《う》ち上《あ》がるのを待《ま》っている。

季語《きご》

暑《あつ》く、花火《はなび》（夏《なつ》）

作者《さくしゃ》

西東三鬼《さいとうさんき》

歯科医《しかい》として勤《つと》めながら俳句《はいく》に力《ちから》を注《そそ》ぎました。伝統的《でんとうてき》な俳句《はいく》とは異《こと》なる独特《どくとく》の感性《かんせい》で俳句《はいく》を作《つく》り、「鬼才《きさい》」ともよばれました。

もっとくわしく

◆**花火《はなび》**

花火《はなび》の打《う》ち上《あ》げを待《ま》つ群集《ぐんしゅう》の、熱気《ねっき》が感《かん》じられる句《く》。「花火《はなび》」は伝統的《でんとうてき》に秋《あき》の季語《きご》とされてきましたが、近現代《きんげんだい》では夏《なつ》の季語《きご》とされることも。またこの俳句《はいく》では「暑《あつ》く」という夏《なつ》の季語《きご》も使《つか》われていることから、ここでは夏《なつ》の句《く》としてあつかいます。

近代《きんだい》の秀句《しゅうく》 2

秋《あき》・冬《ふゆ》の俳句《はいく》

金剛《こんごう》の露《つゆ》ひとつぶや石《いし》の上《うえ》

俳句《はいく》の意味《いみ》

ダイヤモンドのようなつゆがひとつぶ、石《いし》の上《うえ》にある。

季語《きご》

露《つゆ》（秋《あき》）

作者《さくしゃ》

川端茅舎《かわばたぼうしゃ》

高浜虚子《たかはまきょし》の弟子《でし》で、「ホトトギス」などに参加《さんか》。若《わか》くして仏教《ぶっきょう》に感化《かんか》され、「花鳥諷詠《かちょうふうえい》」を極《きわ》めようとしました。

もっとくわしく

◆**金剛《こんごう》**

ダイヤモンドのことで、本来《ほんらい》、仏教《ぶっきょう》の言葉《ことば》。はかないものの代表《だいひょう》であるつゆを、永遠《えいえん》に光《ひか》るダイヤモンドだと見《み》たところが、この句《く》のおもしろさ。またつゆははかないという、古《ふる》めかしい見方《みかた》をひっくり返《かえ》したところが、俳句《はいく》ならではの視点《してん》です。

秋空《あきぞら》につぶてのごとき一羽《いちわ》かな

俳句《はいく》の意味《いみ》

すがすがしい秋空《あきぞら》に、一羽《いちわ》の鳥《とり》が、ほうり投《な》げた小石《こいし》のように飛《と》んでいく。

季語《きご》

秋空《あきぞら》（秋《あき》）

作者《さくしゃ》

杉田久女《すぎたひさじょ》

高浜虚子《たかはまきょし》の弟子《でし》で、近代俳句《きんだいはいく》における最初期《さいしょき》の女性俳人《じょせいはいじん》のひとり。格調高《かくちょうたか》く、はなやかな俳句《はいく》が際立《きわだ》つ作者《さくしゃ》とされます。

もっとくわしく

◆**つぶて**

小石《こいし》を投《な》げること、また、投《な》げた小石《こいし》のこと。

をりとりて《お》 はらりとおもき すすきかな

俳句《はいく》の意味《いみ》

なよやかなススキを折《お》って手《て》にしてみると、ほがはらりと垂《た》れた。見《み》かけとちがって、意外《いがい》と重《おも》さがあるなあ。

季語《きご》

すすき（秋《あき》）

作者《さくしゃ》

飯《いい》田《だ》蛇《だ》笏《こつ》

大正時代《たいしょうじだい》に、「ホトトギス」の俳人《はいじん》として活《かつ》やく。故郷《ふるさと》の山梨《やまなし》をこよなく愛《あい》し、里《さと》山《やま》の自然《しぜん》を格調高《かくちょうたか》い俳句《はいく》によみました。

もっとくわしく

◆はらりと

「はらり」は、物《もの》が軽《かろ》やかに垂《た》れて広《ひろ》がるようすや、まい落《お》ちるようすを表《あらわ》す言葉《ことば》。そのあとに反対《はんたい》のイメージをもつ「おもき」がくるのが、この句《く》の見所《みどころ》です。

雪《ゆき》の原《はら》 犬沈没《いぬちんぼつ》し 躍《おど》り出《い》づ《ず》

俳句《はいく》の意味《いみ》

一面《いちめん》に降《ふ》り積《つ》もった雪《ゆき》の原《はら》に、イヌがうまって消《き》えた、その直後《ちょくご》おどるように飛《と》び出《だ》してきた。

季語《きご》

雪《ゆき》の原《はら》（冬《ふゆ》）

作者《さくしゃ》

川端茅舎《かわばたぼうしゃ》（32ページ）

もっとくわしく

◆生《い》き生《い》きとしたイヌ

イヌが雪原《せつげん》を喜《よろこ》び勇《いさ》んでかけ回《まわ》るようすが、生《い》き生《い》きとした俳句《はいく》。「犬《いぬ》は喜《よろこ》び庭《にわ》かけまわり」の童《どう》ようが思《おも》いだされます。「沈没《ちんぼつ》し躍《おど》り出《い》づ《ず》」の語感《ごかん》も、楽《たの》し気《げ》です。

冬蜂《ふゆばち》の 死《し》にどころなく 歩《ある》きけり

俳句《はいく》の意味《いみ》

冬《ふゆ》になって弱《よわ》ったハチが、死《し》に場所《ばしょ》を探《さが》すかのようによろよろと歩《ある》いていく（今《いま》にも死《し》にそうだ）。

季語《きご》

冬蜂《ふゆばち》（冬《ふゆ》）

作者《さくしゃ》

村上鬼城《むらかみきじょう》（30ページ）

もっとくわしく

◆鬼城《きじょう》とハチ

ただ歩《ある》いているだけのハチが、死《し》に場所《ばしょ》を探《さが》しているというのは、鬼城《きじょう》の個人的《こじんてき》な見方《みかた》です。若《わか》くして耳《みみ》を悪《わる》くし、思《おも》ったような職業《しょくぎょう》につけず、貧《びん》ぼうで苦労《くろう》した鬼城《きじょう》は、ハチと自分《じぶん》の人生《じんせい》を重《かさ》ねていたのかもしれません。

近代《きんだい》の秀句《しゅうく》 3

無季《むき》・自由律《じゆうりつ》の俳句《はいく》

どうしようもないわたしが歩《ある》いてゐ《い》る

俳句《はいく》の意味《いみ》

どうしようもない業《ごう》（宿命《しゅくめい》、後《こう》かいするようなこと）を背《せ》負《お》って、私《わたし》は歩《ある》いている。

季語《きご》

なし

作者《さくしゃ》

種田山頭火《たねださんとうか》

荻原井泉水《おぎわらせいせんすい》の弟子《でし》。母《はは》の自《じ》殺《さつ》、父《ちち》の事業《じぎょう》の失敗《しっぱい》、自分《じぶん》の酒《さけ》ぐせの悪《わる》さなどからくる困難《こんなん》の中《なか》で、各地《かくち》を旅《たび》しながら俳句《はいく》を作《つく》りました。

無季《むき》・自由律《じゆうりつ》とは

無季《むき》とは、季語《きご》をふくまないこと。または季語《きご》として使《つか》われる言葉《ことば》が入《はい》っていても、季節感《きせつかん》がない俳句《はいく》のことです。自由律俳句《じゆうりつはいく》とは、5・7・5の文字数《もじすう》（音数《おんすう》）にとらわれずによんだ俳句《はいく》をいいます。無季《むき》と自由律《じゆうりつ》の両方《りょうほう》の特《とく》ちょうをもつ俳句《はいく》を、無季自由《むきじゆう》律俳句《りつはいく》といいます。どれも俳句《はいく》の決《き》まった形《かたち》をあえて破《やぶ》ろうとするものです。

もっとくわしく

◆自分《じぶん》を表現《ひょうげん》

山頭火《さんとうか》の俳句《はいく》の特《とく》ちょうのひとつが、自分《じぶん》の内面《ないめん》をさらけ出《だ》していること。「俳句《はいく》ほど作者《さくしゃ》を離《はな》れない文芸《ぶんげい》はあるまい」とも日記《にっき》に書《か》いています。この句《く》でも私《わたし》のことを「どうしようもない」といいながら、「歩《ある》いてゐる」と存在《そんざい》をみとめています。苦《くる》しみをかかえながら生《い》きていく、そのなやみの深《ふか》さをよんだ句《く》です。

分《わ》け入《い》っても分《わ》け入《い》っても青《あお》い山《やま》

俳句《はいく》の意味《いみ》

道《みち》なき道《みち》を分《わ》け入《い》って進《すす》んで行《い》っても、先《さき》にはまだまだ青々《あおあお》した山《やま》の緑《みどり》が広《ひろ》がっている。

季語《きご》

なし

作者《さくしゃ》

種田山頭火《たねださんとうか》

もっとくわしく

◆旅《たび》のとちゅうで

山頭火《さんとうか》は、44さいのとき生《い》きる意味《いみ》を探《さが》す旅《たび》に出《で》ます。そのとちゅう、熊本県《くまもとけん》から宮崎県《みやざきけん》へとぬける山《やま》ごえの最中《さいちゅう》、俳人《はいじん》として生《い》きていくことを決意《けつい》したときによんだとされます。どこまでも続《つづ》く道《みち》を、自分《じぶん》の人生《じんせい》の困《こん》難《なん》と重《かさ》ねてみたのでしょうか。

咳《せき》をしても一人《ひとり》

俳句《はいく》の意味《いみ》

庵《いおり》*でせきをした。私《わたし》はひとりっきり(音《おと》がむなしくひびくだけ)。

季語《きご》

なし

作者《さくしゃ》

尾崎放哉《おざきほうさい》

荻原井泉水《おぎわらせいせんすい》の弟子《でし》。酒《さけ》ぐせが悪《わる》くトラブルも多《おお》かったものの、自由《じゆう》で力強《ちからづよ》く、個《こ》性的《せいてき》な俳句《はいく》を作《つく》りました。

もっとくわしく

◆「ひとり」の実感《じっかん》

酒《さけ》がやめられず、金《かね》にも困《こま》っていた放哉《ほうさい》は、妻《つま》とも別《わか》れて各地《かくち》を転々《てんてん》としていました。俳人《はいじん》としてそれなりに名前《なまえ》を知《し》られていても、自分《じぶん》はひとりぼっちだという気持《きも》ちがあったのでしょう。この句《く》をよんだ数カ月後《すうかげつご》に亡《な》くなりました。

こんなよい月《つき》を一人《ひとり》で見《み》て寝《ね》る

俳句《はいく》の意味《いみ》

(なんという名月《めいげつ》だろう)こんなによい月《つき》を私《わたし》はひとりで見《み》て、そしてたったひとりねむるのだ。

季語《きご》

なし

作者《さくしゃ》

尾崎放哉《おざきほうさい》

もっとくわしく

◆須磨寺《すまでら》

須磨寺《すまでら》(兵庫県《ひょうごけん》)でよんだ俳句《はいく》。放哉《ほうさい》が希望《きぼう》していたひとり暮《ぐ》らしを送《おく》るなかで、才能《さいのう》が開花《かいか》し始《はじ》めます。名月《めいげつ》として知《し》られる須磨《すま》の月《つき》をひとりじめしながらも、さびしさがにじんでくるようです。

月光《げっこう》ほろほろ風鈴《ふうりん》に戯《たわむ》れ

俳句《はいく》の意味《いみ》

月《つき》の光《ひかり》がほろほろと、風《ふう》りんと遊《あそ》んでいるように降《ふ》り注《そそ》いでいる。

季語《きご》

なし(月《つき》は秋《あき》だが、風鈴《ふうりん》で夏《なつ》とする説《せつ》もある)

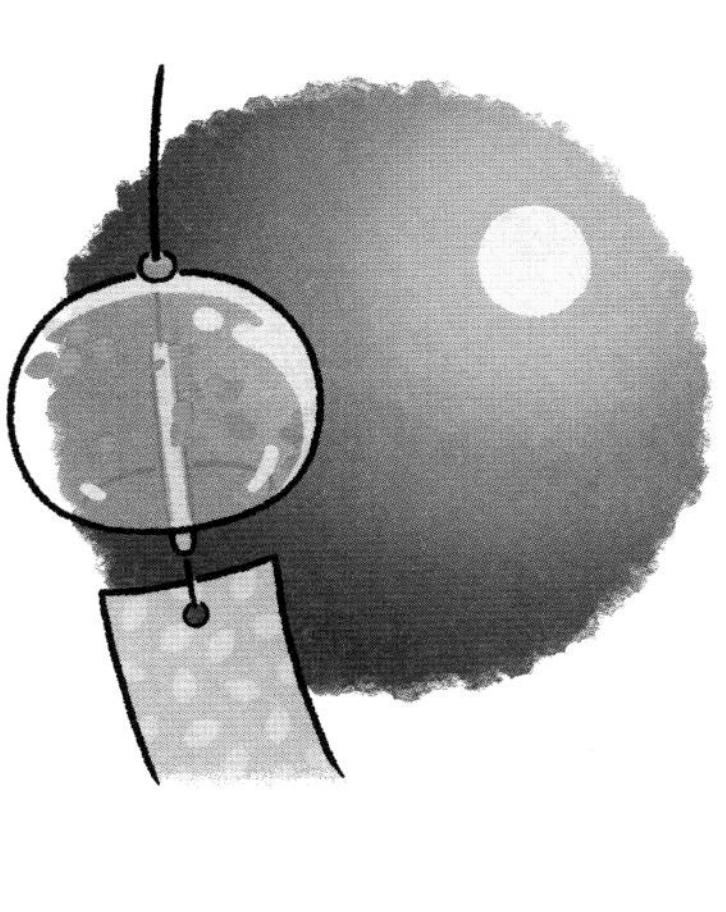

作者《さくしゃ》

荻原井泉水《おぎわらせいせんすい》

明治《めいじ》から昭和《しょうわ》の終《お》わりごろまで活《かつ》やくした俳人《はいじん》で、自由律俳句《じゆうりつはいく》(のちに無季自由律俳《むきじゆうりつはい》句《く》)を推《お》し進《すす》めました。

もっとくわしく

◆擬人法《ぎじんほう》

「花《はな》が笑《わら》う」のように、動植物《どうしょくぶつ》や物《もの》を人間《にんげん》のように表現《ひょうげん》することを擬人法《ぎじんほう》といいます。ここでは「月光《げっこう》」と「風鈴《ふうりん》」を「戯《たわむ》れ(遊《あそ》ぶ、ふざける)」と人間《にんげん》のように表現《ひょうげん》することで、わずかな風《かぜ》に風《ふう》りんがゆれ、月光《げっこう》をちらちらと反射《はんしゃ》するようすを想像《そうぞう》させます。

＊庵《いおり》:造《つく》りが質素《しっそ》で、部屋《へや》の数《かず》や家具《かぐ》も最低限《さいていげん》しかない小《ちい》さな家《いえ》。

コラム

熱戦《ねっせん》！ 俳句甲子園《はいくこうしえん》

私《わたし》たちの日常《にちじょう》を、17音《おん》でつかまえる 高校生《こうこうせい》が作《つく》った俳句《はいく》

優勝《ゆうしょう》チームの表彰式《ひょうしょうしき》のようす。（写真《しゃしん》は第《だい》26回大会《かいたいかい》、開成高校《かいせいこうこう》）

俳句《はいく》に親《した》しんでいるのは、大人《おとな》ばかりではありません。俳句甲子園《はいくこうしえん》＊という、高校生《こうこうせい》を対象《たいしょう》にした俳句《はいく》のコンクールがあります。全国《ぜんこく》の高校生《こうこうせい》が5人《にん》で1チームをつくり、赤白《あかしろ》に分《わ》かれて、相手校《あいてこう》と対戦《たいせん》します。テーマにそった俳句《はいく》のできばえに加《くわ》え、おたがいの俳句《はいく》をディベートで評価《ひょうか》し、かんしょうする力《ちから》を競《きそ》います。毎年《まいとし》8月《がつ》に、正岡子規《まさおかしき》や高浜虚子《たかはまきょし》などの出身地《しゅっしんち》である愛媛県松山市《えひめけんまつやまし》で開《かい》さいされ、熱戦《ねっせん》がくりひろげられます。

ここでしょうかいするのは、歴代《れきだい》の俳《はい》句甲子園《くこうしえん》で、最優秀賞《さいゆうしゅうしょう》を受賞《じゅしょう》した作品《さくひん》です。私《わたし》たちがふだんから使《つか》っている言葉《ことば》を用《もち》いて、日常《にちじょう》のいっしゅんを俳句《はいく》によみこんでいます。高校生《こうこうせい》が作《つく》った俳句《はいく》を、味《あじ》わってみましょう。

カンバスの余白《よはく》八月《はちがつ》十五日《じゅうごにち》

作者《さくしゃ》　神野紗希《こうのさき》（松山東高校《まつやまひがしこうこう》）

季語《きご》　八月十五日《はちがつじゅうごにち》（秋《あき》）

◎かんしょうのヒント

カンバスとは、木《き》のわくに布《ぬの》を張《は》った絵《え》をえがくためのもの。「八月十五日《はちがつじゅうごにち》」とは、終戦《しゅうせん》の日《ひ》のことです。簡単《かんたん》には語《かた》りつくすことのできない戦争《せんそう》と、今《いま》を生《い》きる私《わたし》たちがえがく未来《みらい》がひびきあいます。

夕立《ゆうだち》の一粒《ひとつぶ》源氏物語《げんじものがたり》

作者《さくしゃ》　佐藤文香《さとうあやか》（松山東高校《まつやまひがしこうこう》）

季語《きご》　夕立《ゆうだち》（夏《なつ》）

◎かんしょうのヒント

「夕立《ゆうだち》」とは、夏《なつ》の夕方《ゆうがた》に、短時間《たんじかん》で激《はげ》しく降《ふ》る雨《あめ》のこと。『源氏物語《げんじものがたり》』を読《よ》んでいると、雨《あめ》がひとつぶ落《お》ちてきて、はっと顔《かお》を上《あ》げたのでしょうか。読書《どくしょ》に夢中《むちゅう》になっていたことが伝《つた》わってきます。

地方大会《ちほうたいかい》を勝《か》ちぬいたチームが、商店街《しょうてんがい》特設会場《とくせつかいじょう》で行《おこな》われる予選《よせん》にのぞみます。

＊ 俳句甲子園《はいくこうしえん》：全国高等学校俳句選手権大会《ぜんこくこうとうがっこうはいくせんしゅけんたいかい》。俳句甲子園《はいくこうしえん》という通《つう》しょうで親《した》しまれている。

小鳥来《ことりく》る
三億年《さんおくねん》の
地層《ちそう》かな

作者《さくしゃ》　山口優夢《やまぐちゆうむ》（開成高校《かいせいこうこう》）

季語《きご》　小鳥来《ことりく》る（秋《あき》）

◎かんしょうのヒント
「小鳥来《ことりく》る」とは、秋《あき》にわたり鳥《どり》が北方《ほっぽう》から日本《にほん》にわたってくること。地層《ちそう》の断面《だんめん》が地球《ちきゅう》の歴史《れきし》を示《しめ》す一方《いっぽう》で、わたり鳥《どり》が、新《あたら》しい季節《きせつ》がめぐってきたことを知《し》らせています。

山頂《さんちょう》に流星《りゅうせい》
触《ふ》れたのだろうか

作者《さくしゃ》　清家由香里《せいけゆかり》（幸田高校《こうたこうこう》）

季語《きご》　流星《りゅうせい》（秋《あき》）

◎かんしょうのヒント
流《なが》れ星《ぼし》を見《み》つけて、山頂《さんちょう》に目《め》をこらす情景《じょうけい》がうかびます。はるかな山《やま》の頂《いただき》と、その上《うえ》にさらに広《ひろ》がる、美《うつく》しい秋《あき》の夜空《よぞら》が思《おも》い起《お》こされる、スケールの大《おお》きな俳句《はいく》です。

月眩《つきまぶ》し
プールの底《そこ》に
触《ふ》れてきて

作者《さくしゃ》　佐藤雄志《さとうゆうし》（開成高校《かいせいこうこう》）

季語《きご》　プール（夏《なつ》）

◎かんしょうのヒント
月《つき》の光《ひかり》のまぶしさと、夜《よる》のプールの底《そこ》の暗《くら》さという、光《ひかり》とやみのコントラストが美《うつく》しい俳句《はいく》です。非日常的《ひにちじょうてき》な「夜《よる》のプール」という場所《ばしょ》が、ドラマチックなふんいきを作《つく》り出《だ》しています。

月涼《つきすず》し
伽藍《がらん》に蟹《かに》の
道《みち》のある

作者《さくしゃ》　小田健太《おだけんた》（名古屋高校《なごやこうこう》）

季語《きご》　月涼《つきすず》し、蟹《かに》（夏《なつ》）

◎かんしょうのヒント
伽藍《がらん》とは、僧《そう》が修行《しゅぎょう》するお寺《てら》のこと。「月涼《つきすず》し」とは、夏《なつ》の月《つき》がすずしげに見《み》えることです。月《つき》が美《うつく》しい夏《なつ》の夜《よる》、お寺《てら》の砂《すな》の上《うえ》に、カニが歩《ある》いたあとが道《みち》のように残《のこ》る景色《けしき》がうかびます。

決勝戦《けっしょうせん》は松山市総合《まつやましそうごう》コミュニティセンターで行《おこな》われます。

もっと俳句《はいく》と正岡子規《まさおかしき》を知《し》るための本《ほん》と記念館《きねんかん》

超訳《ちょうやく》マンガ 国語《こくご》で習《なら》う名詩《めいし》・短歌《たんか》・俳句《はいく》物語《ものがたり》

木原木綿《きはらもめん》:編集《へんしゅう》　Gakken

小《しょう》・中学校《ちゅうがっこう》の教科書《きょうかしょ》にのっている、代表的《だいひょうてき》な詩《し》・短歌《たんか》・俳句《はいく》を、オールカラーのマンガでしょうかい。作者《さくしゃ》の伝記《でんき》と作品《さくひん》をいっしょに読《よ》み味《あじ》わうことができ、より深《ふか》い理解《りかい》につながります。

俳句部《はいくぶ》、はじめました さくら咲《さ》く一度《いちど》っきりの今《いま》を詠《よ》む

神野紗希《こうのさき》:著《ちょ》

岩波《いわなみ》ジュニアスタートブックス

俳句甲子園《はいくこうしえん》をきっかけに俳句《はいく》を始《はじ》めた著者《ちょしゃ》が、そのみりょくを伝《つた》えます。俳句《はいく》の実作《じっさく》についても、段階《だんかい》をふんでていねいに解説《かいせつ》しています。俳句作《はいくづく》りに興味《きょうみ》をもった人《ひと》におすすめです。

子規《しき》365日《にち》

夏井《なつい》いつき:著《ちょ》

朝日新聞出版《あさひしんぶんしゅっぱん》／朝日文庫《あさひぶんこ》

子規《しき》の俳句《はいく》を、一日一句《いちにちいっく》、365日分《にちぶん》けいさい。俳人《はいじん》である著者《ちょしゃ》が、実作者《じっさくしゃ》の視点《してん》から俳句《はいく》を選《えら》び、見《み》どころを伝《つた》えるエッセイをそえています。子規《しき》の俳句《はいく》をじっくり味《あじ》わうことのできる一冊《いっさつ》。

吾輩《わがはい》は猫《ねこ》である（上《じょう》・下《げ》）（新装版《しんそうばん》）

夏目漱石《なつめそうせき》:作《さく》　佐野洋子《さのようこ》:絵《え》

講談社《こうだんしゃ》／青《あお》い鳥文庫《とりぶんこ》

中学《ちゅうがく》の英語教師《えいごきょうし》、苦沙弥先生《くしゃみせんせい》の家《いえ》で飼《か》われることになったネコが、先生《せんせい》の家族《かぞく》や、家《いえ》にやってくる友人《ゆうじん》を観察《かんさつ》するお話《はなし》。雑誌《ざっし》「ホトトギス」で連《れん》さいされ大人気《だいにんき》となった、漱石《そうせき》の小説《しょうせつ》デビュー作《さく》。

コミック版《ばん》世界《せかい》の伝記《でんき》 夏目漱石《なつめそうせき》

野網摩利子《のあみまりこ》:監修《かんしゅう》　ポプラ社《しゃ》

夏目漱石《なつめそうせき》の人生《じんせい》を少年時代《しょうねんじだい》からマンガ化《か》。漱石《そうせき》が文豪《ぶんごう》として大成《たいせい》していくようすが学《まな》べます。正岡子規《まさおかしき》も登場《とうじょう》し、当時《とうじ》の時代背景《じだいはいけい》を知《し》ることができます。巻末《かんまつ》には解説《かいせつ》や年表《ねんぴょう》もけいさいしています。

子規庵《しきあん》

東京都台東区根岸《とうきょうとたいとうくねぎし》2-5-11 https://shikian.or.jp/

1894年《ねん》から亡《な》くなるまで子規《しき》が暮《く》らした子規庵《しきあん》を、再建《さいけん》。戦争中《せんそうちゅう》の空《くう》しゅうによって焼《や》けてしまったものの、子規《しき》が暮《く》らした病室《びょうしつ》やながめた庭《にわ》など、当時《とうじ》に近《ちか》い形《かたち》で再現《さいげん》されていて、子規《しき》の息《いき》づかいが感《かん》じられます。

松山市立子規記念博物館《まつやましりつしきき ねんはくぶつかん》

愛媛県松山市道後公園《えひめけんまつやましどうごこうえん》1-30 https://shiki-museum.com/

子規《しき》の出身地《しゅっしんち》である、松山市《まつやまし》にある博物館《はくぶつかん》。館内《かんない》には子規《しき》や俳句《はいく》に関《かん》する資料《しりょう》が展示《てんじ》されています。子規《しき》と漱石《そうせき》が50日《にち》ほど共《とも》に暮《く》らした愚陀佛庵《ぐだぶつあん》の1階部分《かいぶぶん》を復元《ふくげん》しているコーナーもあります。